生きながらえる術《すべ》

鷲田清一
Washida Kiyokazu

講談社

まえがき

明日もちゃんと食べられるか？　寝る場所はあるか？　あったとして、だれか頼れる人がいるか？　いっしょに歓んだり悲しんだりできる人がいるか？　その人のためなら身を粉にして働けるような人（たち）がじぶんにはあるか？　神経をぴりぴりさせずにいられる時間は、場所はあるか？　不安、疲労、不眠で押し潰されそうになっていないか？　何かのためにするのではなくて、それをすることじたいが楽しいといえることがあるか？　とどのつまり、いまの生活、いまの境遇に納得がいっているか？

貧困と孤立、そして後につづく負のスパイラル。「平成」という時代が始まったとき、そのような陥落への怯えがやがて多くの人たちの共通感情になろうとは、だれも想像しなかったとおもう。生きものとして〈いのち〉をつなぐ、その最小限の可能性にも不安をおぼえる人びと。他の人たちとのつながりが断ち切られ、この社会のなかでほとんど爪先立ちするほかない人たち。一つ所に縛られない、《漂流》というあのポストモダン（？）な自由のメッセージが、実生活のあまりにリアルな描写に裏返ろうとは、きっとだれもおもっていなかったはずだ。

生きるということは〈面〉をもつことだ。社会をかたちづくるさまざまの役柄のうちの一つを仮面《ペルソナ》として演じることをつうじて一個の人格《ペルソナ》になるという意味もあるが、それ以上に即物的に、社会のなかである場所をもつこと、そして日々安心して暮らせるようそれにふさわしく床面積を拡げておくということでもある。理由は単純で、だれも一人では生きられないから、最低限の生活ですら一人の手では営めないからだ。だからどの時代にも、人びとは他者たちとの集合生活のなかで、分業と相互扶助、さらにその防衛の装置を案出し、担い、次世代に伝えてきた。

いま、《消費社会》に浸りきっているわたしたちは、こうした協働作業にじかにあたることをしない。出産から医療、看取りまで、食材の調達どころか調理まで、さらには教育から防災・防犯、もめ事解決まで、行政もしくは大企業が供給するサービスを購入し、消費するだけだ。いいかえると、じぶんたちの集合生活をじぶんたちの手で支えるという慣習から遠ざかり、あらかじめ配備された社会のサービス・システムにぶら下がるばかり。そしてそうした《消費》に浸っているうち、人は、金さえあれば何でもできる／金がなければ何もできないという、万能感と無能感の奇妙なアマルガムのなかへと転落してゆく。そこでは、じぶんが社会のなかを泳いでいるのか、それとも泳がされているのか、それすら不明となる。戦争や災害によってもろもろの社会システムが停止もしくは破綻したときも、人びとは救援をひたすら待つ以外になすすべがない……。このような生存の萎縮から、人びとはもう目を逸らしたままでいられなくなっている。

では、この失地をどう回復してゆくのか、この塞がりをどう押し返してゆけばいいのか。システムの別の機能にそれをふたたび委ねるのではなく、人びとが生業《なりわい》の、協働の、相互支援の《わざ》を学びなおすこと、自前のそのネットワークをもういちど拡げてゆくことが、たぶんまっ先に必要なのだとおもう。

《わざ》といえば人はすぐに武道や職人仕事を思い浮かべる。が、ここでいう《わざ》は、それにとどまらず、人と人のネットワークを編むわざ、逆にそのしがらみからうまく逃げだすわざ、声にならない声を聴くわざ、臨機応変にフォーメーションを変えるわざから、失ったものを再想起するわざ、一義的に決められた都市機能を別の用途にハックするわざ、人を絶句させるような法外な夢を見るわざ、そして痩せ我慢のわざ、居候のわざまでをもふくむ。そう、したたかに、しなやかに、生き延びるわざである。

こうした《わざ》を身につけるにはもちろん知恵が要る。古代ギリシャ人は、人びとが個人として、集団として、生きながらえるための技術的な知恵を、テクネーと名づけた。次に人びとはラテン語でそれをアルスと訳した。のちにいう自由学芸《リベラル・アーツ》もその一つである。

本書でいう「術《すべ》」も、そのような意味の広がりのなかでとらえている。Ⅰでは、まずは復習篇として、わたしたちの先達たちがずいぶん前に試み、いまも活きている生活資材の果敢で心温まるデザインの発想術をふり返っている。Ⅱでは、これから求められる暮らしと生業のしたたかな技法《アート》について、Ⅲでは、生きるということの始源《アルケー》に還ろうとする同時代のいくつかの芸術《アート》について、そしてⅣでは、わたしたちが生きる世界のその根元のかたちを探究してきた思想家たちの思索の術《アート》について、現時点でわたしなりにおもうところを綴っている。

目次

IV

生きながらえる術《すべ》

I　かたちのレビュー

スバル360

フォルクスワーゲンの名車ビートル（かぶと虫）に対して、ミニ・サイズなので「てんとう虫」の愛称で呼ばれていたが、小学生だったわたしなどにはカバに見えた。一九五八年に発売されたスバル360。軽自動車の黎明期の最高傑作だ。

うねる曲線のライン、前開きのドアにスライド式のウィンドー、空冷のリア・エンジン。どれもこれも、類車の存在を許さない、そしてちょこちょこ手直ししようのない、まったく独創的なフォルムと仕様だった。だから一二年間、デザインを変えなかった。ビートルの、三〇年間モデルチェンジなしという途方もない記録もあるが、わが国でこれほど長持ちしたカーデザインは他にない。

極小のエンジンで大人四人を乗せるために、ルーフから窓ガラス、ドアとその取っ手、シート、ブレーキドラム、メーターパネルまで、グラム単位での軽量化の工夫がなされた。だからハンドルも怖いくらいに細い。富士重工業の前身、「隼《はやぶさ》」な

どの戦闘機を製造した中島飛行機の技術がそちこちで活かされた。当時のサラリーマンの平均年収を上回るような価格だったのに、憧れは青天井というか、翌五九年には幌型ルーフのコンバーチブルも発売されている。
最初にやった人が、最後までやった人、もっとも深く突きつめた人だというのはほんとうだとおもう。何から何までとことん考え抜いたからだ。二代目は一代目の切り拓いた地盤の上でスタートするから有利だというのは嘘で、問題の多さ、課題の大きさこそがデザインの深さを決める。デザインはホップ・ステップ・ジャンプとはゆかず、最初が最後なのだ。
じっさい、ポルシェもアルファロメオも、初代の呪縛から未だに逃れられていない。奇しくもスバル360と同じ年に発売が開始された「日清チキンラーメン」の袋も、五五年間あのデザイン一徹だし、味に濁りがない点でいまでも他に抜きんでている。かけ離れるが、思想もそう。未だマルクスを超えるマルクス主義者は現れていない。

ピース

子どものころ、大人の匂いといえば煙草だった。親父は「しんせい」を喫っていたが、友だちの家に行って「これは違う」と眼が釘付けになったのは、あの「ピー缶」だった。色が、かたちが、なにか別物だった。濃紺地に、「平和」の象徴であるオリーブの葉をくわえた鳩の渋い金色の図柄、そしてまっ白のPeaceの商標。子ども心にもノックアウトだった。あの濃紺地のテイストは、日本人好みの紺の背広にもきっと通じている。

箱をデザインしたのはレイモンド・ローウィ。『口紅から機関車まで』という著書の表題どおり、爪楊枝《つまようじ》や路上の屑籠《くずかご》から無数の商品パッケージ、さらには自動車、建築まで、ありとあらゆる領域で突出したセンスをみせたインダストリアル・デザイナーだ。日本ではビール「アサヒゴールド」の瓶ラベル、不二家のロゴなども手がけている。

著書は当時、日本商工会議所会頭で、のちに外務大臣をも務めることになる藤山

ローウィが提供した試作品

愛一郎の手で訳された。政治家もなかなかに粋な、そんな時代であった。このデザインを見て、道端に棄てられて雨に濡れている姿ですら詩的な情景をなすと唸った人もいるらしい。ちなみにデザイン料は、当時の総理大臣の年俸を優に凌ぐものだった。以後、この国のデザイナーたちはもはや「意匠屋《いしょうや》」と蔑まれることもなくなった。

「ノーブル」としか言いようがないまでに極められたデザイン。『口紅から機関車まで』を読むと、どんな細部であっても一点も疎かにしないで改訂に改訂を重ねる、そんな突きつめられた仕事ぶりに驚かされる。だから「ピース」は、六〇年以上経ったいまも、基本のデザインを変えていない。

ちなみにこの本の原題は、「まあいいという程度で放っておいてはいけない。もうこれ以上できないというところまでやれ」という意味の警句だ。彼から受け継いだとことんとでもいうべきエートスが日本のデザインを格段に進化させたはずなのに、そのぴんと張りつめた仕事ぶりがこのところ弛んでいないかと、いささか不安ではある。

サントリーオールド（ダルマ）

憧れのボトルだった。高度成長期と呼ばれた時代に「青春」を生きた男性諸氏にとって、それは「上昇」のしるしだった。

「出世魚」ということばがある。ブリやスズキは、成長とともに名を変える。ブリなら、ワカシ、ハマチ、メジロ、ブリ。これはおもに関西の言い方で、地方地方で呼び名は異なる。それになぞらえて、ウィスキーの銘柄にも格というのがあった。就職するまではレッド、ヒラのうちはホワイト、係長になれば角瓶、課長になればオールド、部長になればスペシャルリザーブ、役員になってようやくローヤルというふうに。

角瓶に手が届くようになると、ちょっと一人前になったような気分がして、角瓶は「カク」、オールドは「ダルマ」と呼んだ。この格はゆるがせにできないものだった。いまや時代は変わり、学生が酒場でいきなりオールドを注文したりする。時代を引きずったままなのだろう、それを目にすると、抑えていてもつい血が頭に上る。

ダルマの漆黒はいかにも「高級」を感じさせた。そういえばサントリー創業時の社名は「寿屋」。それにちなんでか、カクは亀甲切子《きっこうきりこ》、ダルマは黒と朱の漆色と、なにやら和のめでたい空気も漂う。のちに日本のウィスキーの代名詞となるこの「サントリーオールド」、昭和一五年に「黒丸」という名で完成していたが、戦時の奢侈品《しゃしひん》禁止の空気を慮《おもんぱか》って発売をひかえていたのだという。昭和二五年、満を持しての発売だったのだろう。

じつはこのダルマ、片手では持ちにくい。ひとに両手を添えて注いでもらえるような場に身を置いて飲む、そんな印象がある。カクは片手で持つのが様になる。酒は我を忘れるために飲むのではなく、我に返るためにこそあると思っているわたしは、だからいまも独りで飲むのはカクだ。家族団欒のときも、職場の帰りに連れだって行く料理屋でも、カクは飲まない。

ひとは夢を見るために酒を飲むのではなく、「現実」や「世間」という名の深い夢から醒めるために飲む。

角瓶

リップスティック

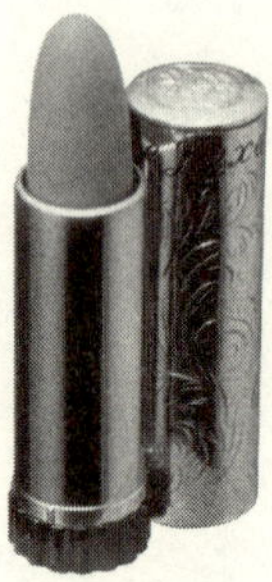

資生堂ドルックス　口紅

リップスティックはなぜ、あんな弾丸の薬きょうのような形をしているのか。第一次世界大戦のとき、弾丸工場で働くようになった新しい女性労働者のイメージからこの形ができたという説もあるが、どうなのか。

女性のハンドバッグのなかに潜んでいる使い古しの口紅の先がどんな形をしているのかも、人によってどう違うのかも、知りたいところだ。その昔、紅が小さな壺に入っていたころは、薬指か小指か、どの指で塗っていたのかにも興味がある。

見る側からすると、口紅を引くというのは身体に境界線を入れる行為である。唇は英語でリップ。が、この言葉、じつは鼻の下一帯を意味するらしい。現に「髭の生えたリップ」という表現もある。とすると、口紅を引くとは、リップを唇とそうでない部分とに分割する行為だということになる。

口紅といえば、肉の妖しさを増幅するようなてりとぬめり。かつて蠟燭の明かりしかない夜は、闇に溶け込むように、螺鈿《らでん》のような青地のものを塗ったりもしたらしい。闇を放逐した現代は、逆に、顔をシャープに際立てるメイクが主流になっている。口紅、アイラインとシャドー、イヤリング、くっきりとデザインされた眉……。武士が闘いの前に兜の緒を締めるのとおなじで、女性も闘いの前、口紅を引いて気合を入れるのだろうか。

大学の卒論試問の日に、電車のなかでそれに向かう女子学生を見かけたことがある。学生は卒論のおさらいをしたあと、下車する直前に手鏡もなしにぐいと紅を引いて立った。出陣前の凜々しいふるまいに煽られた。

寺山修司は、厚化粧の女性に「たかが人生じゃないの」といった余裕を感じるという。そしてこう続けた。「化粧を、女のナルシズムのせいだと決めつけてしまったり、プチブル的な贅沢だと批判してしまうのは、ほんとうの意味での女の一生を支える力が、想像力の中に在るのだということを見抜くことを怠った考え方です」。そんな女の一生の跡形が、石内都の写真集『マザーズ』（淡交社）に映っている。

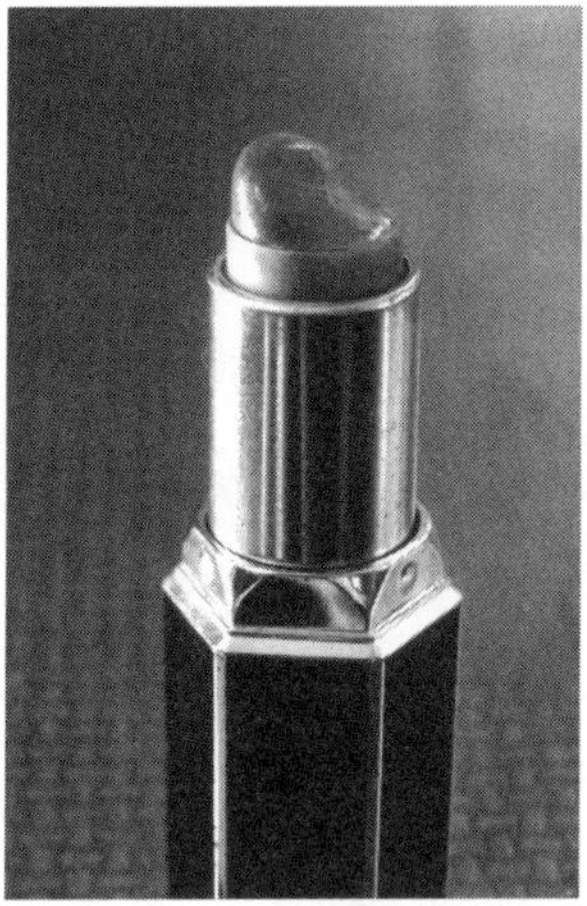

©Ishiuchi Miyako「Mother's#36」

卵のパッケージ

　ある目的のために開発された技術がまったく別の用途に転用されるのは、めずらしいことではない。

　いずれもたぶん笑い話なのだろうが、一つは、あの半球状の凹みが並ぶたこ焼きの鉄板。もとは漁網に数珠のようにつけるブイの鋳型としてあったが、それを粉もんの調理用に使うことで、たこ焼きという食い物が誕生したという話。

　いま一つは、日本の女性下着メーカーが開発した形状記憶ブラジャーが、米軍が戦闘機の配管部品とか操縦者それぞれの体型にシートをぴたりと合わせるため、巨大な費用をかけて開発した技術を転用したものだという話。生死をかけた兵士の任務のために開発された技術がブラジャーに転用されるとは……と、関係者は地団駄踏んだという。

　卵の包装といえば、かつては新聞紙だったが、いまはほとんどがプラスチックの透明パッケージ。そしてこれもまた大胆な転用をいちど経験している。

軽くて伸縮自在、着れば大胆な幾何学的シルエットを浮かび上がらせ、しかも小さく丸め旅行鞄に入れても皺がよらない、そんな理想の服「プリーツ、プリーズ」をイッセイ　ミヤケが世に問うにあたって使用したのが、卵のパッケージを思わせる透明のマネキンだった。あまりに軽いので、このマネキン、展示にあたっては天上からピアノ線で吊された。大胆な発想である。

三宅一生さんは、衣服を、肉の塊としての身体を覆うものではなく、ひとのふるまいをデザインするもの、衣服と身体のあわいの空気をデザインするものと考えて、これを制作した。服と身体の戯れを表現するには、だから、プリーツの服とおなじように極限にまで軽量化されたマネキンが必要だった。ファッションに〈自由〉を縫い込もうという三宅さんの気合がここにはある。

透明マネキンを開発するグループにいた友人は、勢いあまって次に、着ているのがわからないくらい軽い服を泡で作ろうとしたが、こんどは軽すぎて風に飛ばされ、断念した。

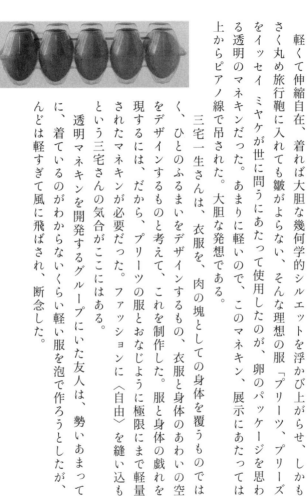

レゴブロック

レゴは普遍語である。風土が違っても、言葉が違っても、何の隔てもなくいっしょに遊べる。むかし、ドイツに住んでいたころ、家族と車でデンマークのレゴランドに行った。運河を走るボートも遊園地を走るゴーカートもレゴ製。一五〇万個のレゴブロックを使って、リンカーンら歴代米国大統領の顔が刻まれたラシュモア山のレプリカもあった。

息子たちはそこでは客でなかった。幼いときから自動車、戦艦、飛行機などを作っていたので、故郷に帰ったかのような面持ちだった。言葉を自由に話せないドイツの学校での劣等感からぱっと解放されていた。

レゴの名はデンマーク語の「よく遊べ」（LEg GOdt）をもじったものだそうだ。かちっとはまるが、かんたんに外しもできる。しっかり連結させるためピースは直方体でポッチも突き出ているが、指を傷つけないよう角は滑らかでなければならない。そんな難題を解決したレゴ。八個のポッチをもつ同色のブロック六個で組み立

てられる形は、九億一五〇〇〇万通り以上、複数色なら気が遠くなるような数字になる。だれもが「俺様流」「わたし流」の形を作れる。こんなものが欲しいと思ったら、それを「買う」のではなく、自分で「作る」のだ。

手元にある物を使って何かの間に合わせにする作業のことをブリコラージュ（器用仕事）という。日常だれもが工夫してやっていることであり、またアートの得意技でもある。生きるとはまさにブリコラージュ。それを子どもはレゴで学ぶ。

レゴ社の創始者（前社長の祖父）は、工場の壁に「子どもには最高のものを」という看板を掛けていた。そういえば、わたしが通っていた地域の小学校、町衆が金を出しあって建てたその校舎は、子どもたちのどの家よりも上等の造りであった。子どもがどうせ傷をつけるからと安価な造りにするのではなく、子どもが一日の大半を過ごすところだから立派に造らないと、と考えた明治のおとなたちも立派であった。

団地

単身赴任で一〇年ほど、大阪府の千里ニュータウンに住んだことがある。築四〇年ほどの典型的な公団住宅型の建物だった。二回りほど若い友人たちが遊びに来たとき、眼を輝かせて仕様の細部まで見て回るので、逆にこちらが驚いた。幼少のときの「昭和」の空気を懐かしく感じたのか、それともむきだしの配管、タイルやデコラ張りの感触、がたついた襖や開き戸、そして平均身長がいまより低い時代の、ちょっと縮んだ空間を新鮮に感じたのか。

創設時は、しがらみのない機能的な暮らしに憧れる若い世帯の希望の空間だった。それがやがて、鉄の扉で封印された核家族の孤立のシンボルのようにいわれだした。そしていま、急激な高齢化とともに過疎地のようになりつつある。が、そこに身を置くと、都心の高密度でセキュリティ完備のマンション生活と比べ、コミュニティは団地のほうが生きているようにも感じる。

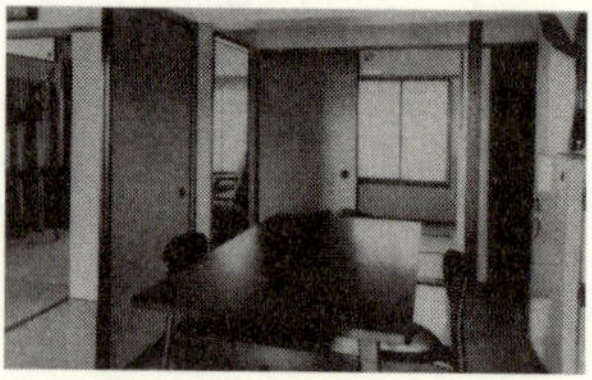

それを察知してか、昭和世代の商店街ノスタルジーとはちょっと違って、若い人たちの住まいへの関心が団地のほうへ逆流しつつある。都心からの手頃な距離、同地域の新築マンションの三分の一以下の無理のない価格、たっぷり空きのある棟と棟の間、なにより豊かな緑。ここをリフォームして使おうというのだ。間取りやインテリアをそっくり変える。二戸の壁を払って一体化する。天井をぶち抜いて二層の吹き抜け空間をもつ住まいに改造する。あるいは、シェアハウス、仕事場やアトリエ、共同保育施設への転用。

団地の間取りが一様だったのは、いつでも転売できる「商品」として見られていたからだろう。「標準家族」に合わせてである。でもいまはほぼ三分の一の世帯が単身居住の時代。家族のかたちも多様になっている。職住一致の空間が子どもの成長にどれだけ重要かが再認識されつつある。隔離ではなく、隣人が暮らす気配がうっすら感じられるコモンな空間への憧れもある。すべての世代が混住する空間に変えること、団地の再生はきっとそこから始まる。

ウォークマン

　コンサートでの音楽の聴き方は、この半世紀で大きく変わった。ビートルズが日本に入ってきた一九六〇年代、音楽は黙って静かに聴くものから、きゃーっと嬌声をあげて聴いてもよいものになった。ウッドストックのライブがあった六〇年代末からは、ホールではなく戸外で、立って聴くのが普通になった。いまは屋内でも立って聴く。

　コンサートだけではない。ひとりで楽しむレコードの聴き方も大きく変わった。トランジスタ・ラジオが登場して、外でも聴けるようになった。そして一九七九年。ソニーのウォークマンの登場が、音楽とわたしたちのふれあいを一変させた。

　おなじように戸外で音楽を聴くにしても、ラジオとウォークマンはまったく別の装置だった。前者が受信する機器であるのに対して、後者は自分で編集し、好きなときに好きなように聴く装置として登場した。（マクルーハンのいう）「クール」なメディア、つまり、受け手の参与の度合いが高いものとして。

歩くときも、音楽に合わせリズミカルにステップを踏む。ストリートがなんだか明るくなったような気がした。イヤフォンをつけるだけで、世界の表情が変わる。目の前の光景が音楽を奏でているような。他人からすれば、まるで宇宙からの微細な信号に人知れず感応しているような。「哲学するサル」のCM映像はそんな光景も想像させた。

注意散漫になる、音が洩れて迷惑だ、子どもたちをますます内に籠もらせる……。新しい媒体が生まれるときはいつもそうであるように「雑音」はさまざまあったが、内に閉じこもることで独りになるのではなく、外へと開かれつつ独りになれる装置として、世界中でヒット商品になった。

が、そんな幸福は長くは続かなかった。音楽の再生機が携帯電話やスマートフォンのような通信機と一組にされたからだ。送信されてくる情報が人を吸引する力は音楽の比ではない。以後、携帯機器は、独りになるための装置から独りになれない装置へと裏返ってしまった。

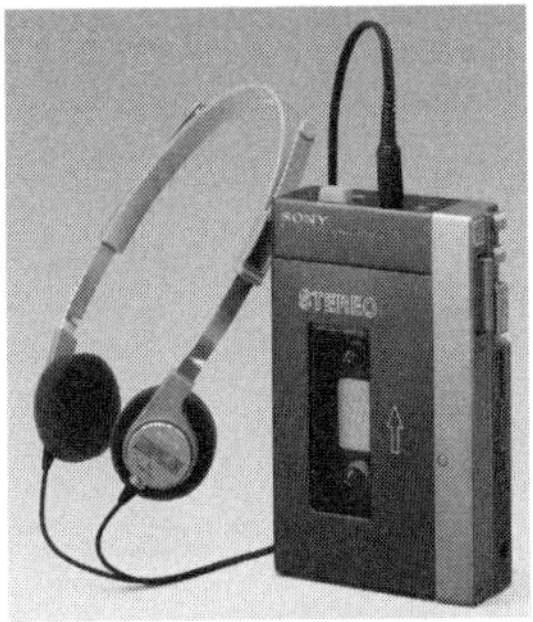

ソニー ウォークマン®「TPS-L2」

卓上電話機

　4号自動式卓上電話機、そう、あの黒電話が、家の格別な場所に鎮座しはじめたのは一九五〇（昭和二五）年のことだった。昭和三〇年代まではまだ電話機がある家は少なく、緊急のときは近所の家のを借りた。その番号が「呼び出し電話」として名刺に記載されていた。電話がかかってくるのは何かの事件発生、というくらい電話は特別なものだった。

　受話器もどっしりと重く、昔、本を読む前にそれを両手でかざして拝むという習慣があったように、受話器を戻すときも（家長以外は）両手でそっと、というのがマナーであった。だから逆に、「がちゃん」と片手で戻すのは、ただならぬ怒りの徴であった。

　家族が集まる場所にそれはあった。電話がしだいに普及してくると、通話はもっと気軽なものになった。しぜん、パーソナルな通話が増える。家族に聞こえないようにひそひそ語る。すると家族はよけい気になり、聞かないふりしてしっかり聞き

耳を立てる……。コードレスホン、コードレス子機と開発が続き、やがて個人がもつ携帯電話へと移行するのは、必然であった。電話はもともと一対一で話すものだからである。

携帯電話なら、さっと移動すれば、まわりの視線も避けられる。さらにスマートフォンになると、声を出さずに電子メールで会話できる。ここでは眼もお留守になってしまう。画面を見ながら走る自転車は凶器である。電車のなかでも画面に見入り、高齢者や妊婦に席を譲ることにも、もう一人座れるよう席をずらせることにも、とんと気が回らない。意識が内へと陥没したまま……。美しくない。

かつてハノイのあるオフィスでわたしにかかってきた電話を取り次ごうと、子機を両手を添えてそっと机上に置いてくれた職員の姿が懐かしい。

だれかとつながっているために、それ以外の人には関心をもたない。電話が人をつなぐものどころか、逆に人を隔絶するものになるとは、技術の逆説の最たるものだ。その名も「愛フォン」なのに。

万年筆

万年筆は中途半端なところがみそである。

久しく万年筆を使っていない。若いころ、あれほど憧れたのに、いまはボールペンとサインペンばかり。しっかり書かねばならないとき、さわさわと書きたいとき、ボールペンとサインペンのほうがしっくりくる。万年筆は、強い筆圧で書くことができないのでカーボン紙で複写するには適さず、ボールペンに負ける。一方、筆圧を要さず楽に書ける点で、水性サインペンにも負ける。

しかし、そこに落とし穴がある。

毛筆で書くときは、毛のたわみや返りと肘の上げ下げで、字に調子をつける。そのうち筆にも書き手の癖がつき、手になじんでくる。あるいはいつまでもなじまない。人は筆を選び、筆もまた人を選ぶのだ。

万年筆には筆に近いそういう可塑性があって、そこに人となりがこもる。だから一昔前まで、大切な手紙は万年筆で心して書いた。そこのところが面倒で、近ごろはみな楽を求める。そして知らないうちに、手が〈器用〉を失ってくる。要領や呼吸といった〈融通〉の感覚を忘れてしまうのだ。それこそが人を鍛えるのに。

　万年筆は当初、便利が売りだった。いちいちインクをつけなくても、内から沁みだしてくる。明治期、日本に輸入されだしたころは、ファウンテンペンの直訳なのだろう、「泉筆」と呼ばれ、その楽さがほめそやされた。スポイト式からカートリッジ式に進化して、便利さはさらに向上した。

モンブラン万年筆

　いまは逆である。ボールペンやサインペンの使い捨てではなく、その使い勝手のしち面倒さがほめそやされる。クリップの形状（ペリカンの嘴、パーカーの矢羽形）やキャップ・ヘッドの形状（モンブランの白星）といった、機能性から外れたところに凝るところが、よかれあしかれ、人それぞれのライフスタイルの表現ともなる。万年筆はいまやそういうこだわりの文具として、あえて値段も張って生き延びようとしている。

　万年筆は民主化に抵抗している。いってみれば文具のオートクチュール？　だから「萬年筆」と書いたほうが似合う。

スウォッチ

腕時計の広告が、ファッション雑誌とかカー・マガジンなどでは相当量のページを占めるようになっている。ほとんどが高級品のそれで、カシミアコートが一着買える値段はざら、なかにはスポーツカーが買えるような価格のものもある。それに日付表示、海外時間表示、ストップウオッチ機能と、いたれりつくせりである。

わたしはといえば、腕時計は軽量でシンプルなものを好む。樹脂のボディをもつスウォッチ、というかスウォッチ系。文字盤がカラフルにデザインされたものを、いくつか服に合わせて使い分けている。色調はポップなのが好き。黄色やピンク、黒ももっている。もえぎ色に鼠色をきものの重ねのように組み合わせたのがとくに気に入っている。ベルトは黒革が多いがワインレッドのももっている。秒針は、できればないほうがいい。

もっといえば、ほんとうは時計などもたなくていいのだ。駅やショップなど、街

SILIBLACK

にはいたるところ時計がある。それも一秒のくるいもない電子時計が。だから腕時計はいま、機能性から逸脱しているところでこそその魅力を発揮する。

スウォッチが一九八〇年代に登場してから、時計選びがとても楽しくなった。ファッション・アイテムの一つとして、気軽に買い換えることができるようになった。ファッションとしてみれば、胸元のポイントであるネクタイ、裾と靴のあいだでかいま見えるソックスの色柄とともに、袖からちらちらのぞく腕時計は、コーディネーションの要素としてとても重要だ。

いうまでもなく腕時計は機械である。人間が現在、身体にじかに装着する唯一の機械である。むかしは手巻きだったから、機械といっても遅れの具合などを読んで、こちらが合わすというか、慣れる必要があった。ちょうどコンピュータ制御以前の自動車が、トランスミッションであれブレーキであれ、ドライバーの癖をつける必要があったように。が、いまどきの時計は機能に癖がない。だから、思いきりデザインを楽しめばいい。

STREETY

ユニ

日本ではじめての高級鉛筆「ユニ」が発売されたのは、東京タワーの竣工とおなじ一九五八年である。たまたま、というわけではかならずしもないとおもう。東京タワーは、戦後復興から発展へ、何でも世界一をめざすという高度経済成長第一期のシンボルだったし、また重工業、製造業から電波産業への飛躍を象徴してもいた。ユニもまた、「安くて丈夫」から「高品質」への消費文化の格上げを、これは声高にではなく謳うものであった。

児童にとっては、とても手の届かない、憧れの鉛筆だった。片方の底が円く膨らんでいるところに「高級」を感じた。子どものとき、わたしはトンボ鉛筆を使っていたが、高校生になってようやく念願のユニを一ダース、親に買ってもらった。そして、縦にぱかっと開くそのケースを筆箱がわりにした。級友もみな自慢げにそうしていた。

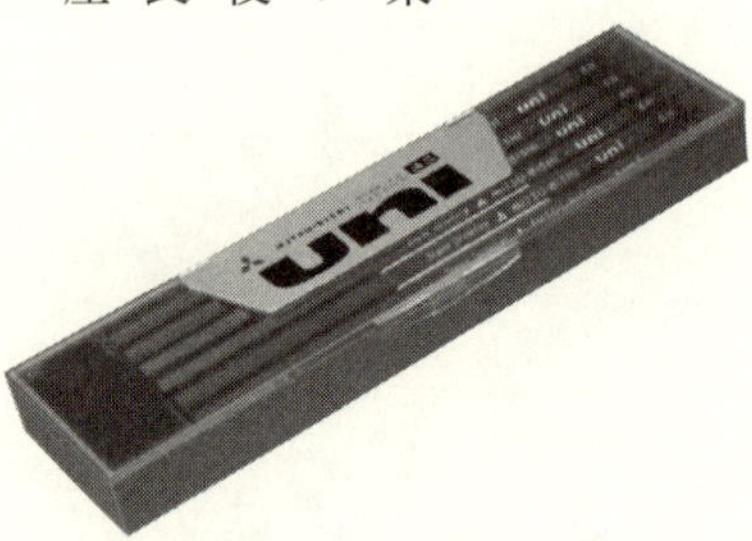

さすがに書き味は滑らかで、さわり心地は漆器のように柔らかく、そのシックな小豆色は、関西人にはすぐに阪急電車のモダンを思わせた。それ以降、半世紀近く、ずっとこの鉛筆を肌身離さず持っている。

2Bがわたしの標準で、それで本を読みながら線を引いたり、思いついたアイディアを紙に書いたりする。スケッチには4Bあたりを使う。先っぽの表情が大事なので、用途に分けて、それぞれナイフで削っている。

書いたり消したりできる鉛筆の蹟。それはわたしにとって、迷いの跡。ということは、生きていることのしるし。だから体から離せない。キャップをつけて、長い一本をペンケースに、うんと短い一本をズボンのポケットに入れている。

昔、ドイツにいたとき愛用したのはシュテートラー（STAEDTLER）というブルーのそれ。ドイツの小学校では標準筆記具とされていた。

「ユニーク」のユニ。「ユニヴァーサル」のユニ。ロゴも色も佇まいもずっと変わらない。設計とデザインの基本を変えないという点では、フォルクスワーゲン、ベンツ、ポルシェといったドイツ自動車産業の一徹に通じるところがある。

ファスナー

あらためてじぶんの服装、じぶんの持ち物をふり返ってみる。ジャケットのボタン代わり、ズボンの前開きの部分、ブーツの開閉部分。持ち物ならペンケース、紙入れ、鞄やバッグ、書類ケース……。想像以上に身近なアイテムである。

ファスナーといえばＹＫＫ。ファスナーは十九世紀末に米国で発明されたものだが、いまでは日本のＹＫＫが世界でもかなりのシェアを占めている。そして、気密性、水密性のファスナーが開発されてからはその需要は一気に拡がり、ダイビングスーツから宇宙服、テントや液体用のソフトタンク、オイルフェンス、さらには明石海峡大橋の排水溝にまで使われるようになった。その進化には目を見張るものがある。

命名にはそれぞれのお国柄もよく出ていて、英国ではその機能に照らしてスライドファスナーと呼ばれているが、米国ではジッパーともいう。ジュッという音に由来するらしい。コミック『ゴルゴ13』の、ライターのあの「ジュボッ」という音表現をふと思い出す。一昔前の日本人はチャックとも言った。「チャック、閉め忘れているよ」というふうに。これは「巾着《きんちゃく》」という語をもじったものらしい。

いうまでもなく、ファスナーは開け閉めするものである。ボタンのように内と外とがすきまで通じているのと違い、内部を密封するファスナーには、その開閉にいやでも「裂く」（引き裂く・切り裂く）という、ちょっと妖しいイメージがつきまとう。また、勝手に開かないようロックの機能も仕組まれていることから、監禁という忌まわしい状況もつい想像してしまう。それにさらに素材にビニールやラバーを使用すると、じかに肌に密着するひやりとした感じや呼吸困難まで連想される。だからだろう、ジッパーはフェチの人、パンクの人たちが愛するアイテムでもある。革ジャンにジッパーという出で立ちにも、どこか群れない孤高のイメージがついてまわる。

身近な、けれどちょっと妖しいアイテム、
である。

蚊取り線香

風鈴やかき氷、花火や浴衣とならんで、もう一つ、忘れてはならない夏の風物詩がある。ＫＩＮＣＨＯの蚊取り線香だ。そう、「金鳥の夏、日本の夏」。夏しか売れないのに社員を一年間食わせるためにはさぞや工夫が要ったかとおもうが、歴史をひもとくとまさに創意工夫の連続であった。

まずは発想の転換。それまで虫を追い出すといえば、ヨモギの葉やカヤの木などを火にくべて部屋をいぶす「蚊遣《かや》り火」しかなかった。除虫菊の効用を知り、それでいぶすが煙が立ちこめ、不快なことこの上なし。そこで、除虫菊の粉末を線香に練り込むというやり方に気づき、世界初の棒状の蚊取り線香を発売したのが明治二三年。

けれどもたった四〇分で燃え切るので、熟睡できない。で、渦巻き状にすれば七時間もつようになった。この画期的なアイディア、創業者・上山英一郎の奥方が思いついたのだという。

「できるだけ遅く」燃やすというのは、料理も郵便も列車の速度もすべて「よりスピーディに」という近代産業のポリシーの、逆を行かねばならないということだ。そのためには、これまた世間が何でも「より軽く」をモットーにしているときに「より重く」をめざさないといけなかった。燃焼の触媒になる空気のすきまを減らすためである。明治三五年、ついにあの、太い渦巻き状の蚊取り線香を発売。着想から七年経っていた。

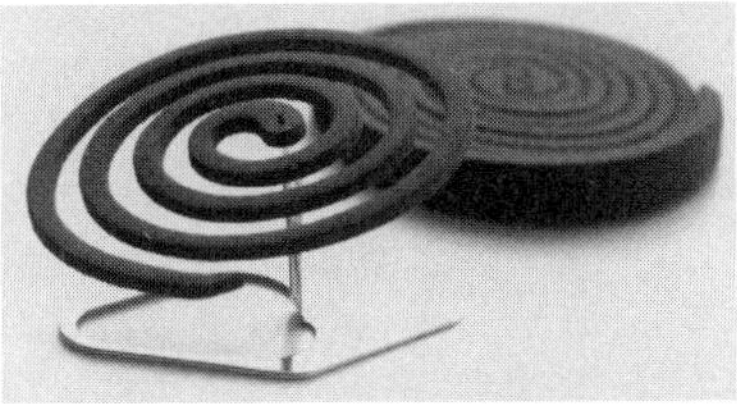

発想の転換というのは「偏屈」につながる。ぜったい他所とは違うことをやる。最初は手で巻いていたので右巻き。機械で切るようになると、他社がみな右巻きだったので一転、左巻きにした。

「偏屈」は「一途」にもつながる。トラックに飾りをつけた街頭宣伝隊の一行も話題をさらい、今も、あの度肝を抜かれるTVコマーシャルにしっかり引き継がれている。箱のデザインも明治の「蚊取線香」誕生以来、基本的なところは変えていない。そんなKINCHOの「偏屈」と「一途」がわたしは好きだ。煙の出ない電子式の蚊取り器も出ているが、煙のゆらめかない蚊取り器では夏は演出できない。

四角いトイレットペーパー

四角い筒のかたちをしたこのトイレットペーパー、商品として市場に出回らなかった一点ものだから「作品」といったほうがいいかもしれない。紙管で建物や仮設住宅を建てるアーキテクト、坂《ばん》茂《しげる》さんが考案したもので、原研哉さんの『デザインのデザイン』という本のなかで出会った。

排便の後処理といえば、昔なら竹べら（あるいは手糞?）、そのあとは新聞紙、上質でない便所紙を用いた。水洗トイレの登場とともに出回りだしたのが円筒形のソフトなトイレットペーパー、そして水洗浄機。トイレの紙の開発はもう行きつくところまで行きついたと、だれもが思ってきた。そのトイレットペーパーにまだこんなデザインがありえたとは。

四角いからがたがたと軸に引っかかって、回りにくい。その不便さが省資源につながる。それに、四角い筒の形をしていると、箱詰めにするときも無駄な空間が減

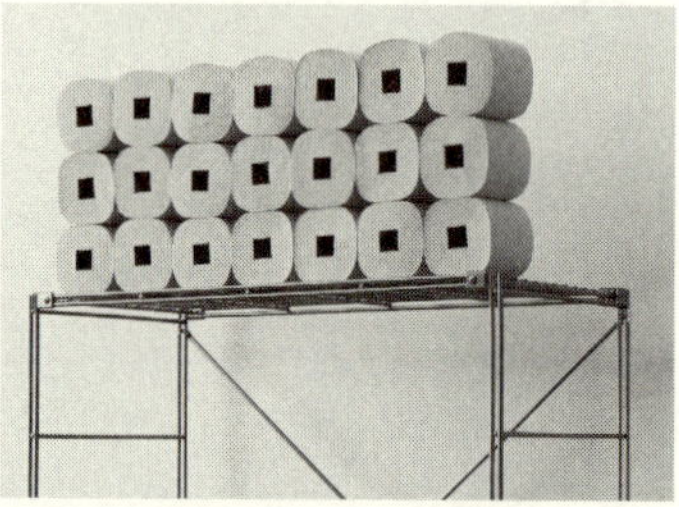

Square Core Toilet Paper（2000）
©Takeo Paper Show 2000 Re Design

る。まさに「目から鱗」である。

わざと便利にしないでおくという知恵。その知恵で思い当たるのは、座布団や床《しょう》几《ぎ》といった日本の「座」のかたちだ。西洋の「座」は、用途に応じてもっとも合理的な、もっとも快適なかたちが考案されてきた。団欒のためのソファ、事務仕事のためのチェア、会議のための椅子……。体にとって望ましい姿勢に合わせ、さまざまの「座」のかたちが追求されてきた。

日本の「座」は正反対で、快適な椅子ならいくらでも考案できるのに、それをあえてせず、不便なまま単純な原型をそのまま残してきた。だから、座るほうがいろいろ座り方を工夫しないと長い時間もたない。これは、わたしなりの言い方をすれば、体をアホにしない知恵、わたしたちが体ごと賢くありつづけるための知恵ではないかとおもう。それに、座布団は平べったいので、片づけにも重宝する。

便利で安楽な環境デザインがずいぶん進化して、人はひどく受け身になってしまい、体もずいぶん無能になってきたのが、現代の消費生活だ。そうした現代生活への批評が、優れたインテリア・デザインにはしっかり内蔵されている。

ストッキング

ストッキングにはそれ自体のかたちがない。はく人の脚をすっぽり覆うだけである。なのに、存在感のないはずのその薄い膜が、はく人の意識を、そして見る者の意識を、いろいろにひきつらせる。

ナイロンを素材とするストッキングがお目見えしたのは、第二次世界大戦後すぐのこと。以後、シームレスへ、パンティストッキングへ、サポーティへと、どんどん進化してきた。

ストッキングというのは、化粧とおなじく、女性が外出するときの身だしなみということになっている。現に、シームレスストッキングが開発されたときも、「ストッキングをはいていないように見えるのが恥ずかしい」と、すぐには流通しなかったという。昨今のシューカツでも「なま足」はNGなんだそうである。身だしなみにちゃんと気が行っていると見えることが大事というわけか。男性が「あっヒゲ、剃り忘れた」というのに近い感覚なのだろう。それに光沢があって締めつけのきついものは足回りをきれいに見せるから、自信にもつながる（らしい）。が、身だしなみがゆきとどくと、こんどは「なま足」が何かしら挑発性を帯び、ぐっと新鮮になる。ただし、除毛・脱毛していることが条件（らしい）。これが〝たしなみ〟の、見えないヴェールとなる。じつに誘惑とたしなみのいたちごっこである。

ファッションとしてみれば、袖口とか胸ぐりとかスカートの裾とか足許とか、素肌と装着品の境目を誘惑の発火点にする、というのがファッションの定石である。かつてストッキングに線が入っていたころ、そのよじれが、髪のほつれとおなじく、乱れによって異性の眼を点にさせた。存在がほつれているところ、この隙間から手を入れて、と言わんばかりに。それをやりすぎると、極彩色、大柄な模様と網目になる。これにたいていの男は引いてしまう。かつて「靴下止め」とか「ガーター」という語を耳にしただけで意識をひきつらせた、そういうかよわい男たちの感受性もお忘れなく。

オビ

きものの帯ではなくて、本のオビである。

本は読んでから買う人はいないわけで、装丁の魅力とともに、オビの文句に惹かれて買うことが多い。だから、その出来映えがときに売れ行きを大きく左右する。

その意味で、オビの宣伝文は編集者のセンスが試されるのだが、書店に並べるときも読むときも、外れやすくてわずらわしい存在でもある。なかには買ったあとオビを外してしおりとして中に挟む人もいる。

日本の本は、装丁という点では、世界でも群を抜いた存在だ。欧米の本、中国の本は、たいていはカバーもなく色目も地味。本は中身だと言いたいのだろうか、そっけないくらいである。日本人は品を人に贈るとき、箱や包装紙を大事にするように、本の場合も、まるでお出かけの衣裳に凝るように、表紙の上にカバーをかけ、しかもそのカバーにコーティングを施し、さらにその上にオビをつける。ときには紙箱に入れてさらにその上にオビをかけもする。装丁とオビのデザインにも凝る。

十二単のような演出だ。

オビは「腰巻き」とも言う。腰巻きならその中も気になる。それを逆手にとってか、昔、菊地信義さんがわたしの本にだれもが眼を丸くするような装丁をしてくださったことがある。その本は『見られることの権利』（メタローグ）という〈顔〉論で、顔はだれもが見えるものだと思っているがほんとうは見ることのできないものだということを論じていた。菊地さんがゲラで全文読んで考案してくださったのは なんと、本の表も背も、タイトルどころか著者名もオビに隠して、字句があるのはオビだけ、カバーはまったくのっぺらぼうの装丁だった。売れゆきはご想像にまかせる。

こうした造本の仕方はすでに一つの文化である。大事にしたい。

ただ、オビは作り方が難しい。目立たせようとすると、装丁家が考えつくしたカバー・デザイン、とくにその配色の妙を乱してしまうし、逆にマッチしすぎるとカバーに溶け込んでしまい、オビの意味がなくなる。難しい。が、難しいからこそ文化である。

LPレコード

わたしは自動車のオートマチックというのが苦手で、いまもマニュアル式のクルマに乗っている。ミッションを入れるときのかすかな引っかかりが、ドロドロドロという エンジンの深い音がたまらない。機械と問答しながら走っているという感覚がある。だから独りぼっちではないし、「よし、ここだ」と声をかけたくもなる。

CDとLPの違いもそんなところにありそうだ。LPが市場から消えはじめ、もはや聴きたい曲もCDでしか聴けなくなって、この時代の流れにはついに抗いえず、お気に入りのアルバムもどんどんCDに買い換えていった。が、CDの、あの底が浅いカシャカシャとした響きには、ときどき底なしに悲しくなる。音楽嫌いになりかけた。

でもいまとなれば、声を大きくして言える。やっぱ、LPのほうが断然いい。針を下ろすときのプチッという音、盤の傷まで拾ってプツプツと曲を邪魔するのが、あばたもえくぼのようでいい。ごしごし洗え、妙に神経質にならないでいられると

ころもいい。それにCDやかつてのソノシートに比べ、圧倒的な重厚感がある。ジャケットはちょっとしたインテリアにもなる。ビートルズが出たころの赤い透明なレコード盤は、そのまま裸で壁に飾りたいくらいだった。

ジャケットといえば、ジャズのそれがもっともアーティスティック。なかでも舗道を歩く女性の足許を写したソニー・クラークの《クール・ストラッティン》がいい。洒落たリズム、そして知性と官能のスタイリッシュなブレンド。これに対し、一時期のハードロックのそれは、ぎらぎらと、アーティスティックに過ぎるところがあった。クラシック音楽でジャケットにしびれることはめったにない。

最後に、値段のこと。わたしが十代だった一九六〇年代、LPは一八〇〇円からせいぜい二〇〇〇円といった価格帯だった。ところがCDの値段もそれとほとんど変わらない。どんな理由があるのか知らないが、卵の値段もこの半世紀、物価は大きく変動したのに、ほとんど変わらない。不思議だ。

徳利

徳利や猪口《ちょこ》を集めるのを趣味にしている人は少なくない。わたしも旅に出るとたいていは徳利や猪口を土産に買う。といってもじぶんへの土産なのだが。

徳利にはいろんな形がある。のっぽから、ずんぐりむっくりまで。小太りしたのやら、痩せ形やら。焼きにもいっぱいあって、信楽風や織部風のざらざらしたもの、ごついものから、つるつるの繊細な造形、ごく薄手の瀟洒《しょうしゃ》なものまで。

徳利といえば燗酒。居酒屋では「お燗」と注文するが、関西ではこれは「おかん」(かみさん、おかあさん)とおなじ語音である。まるで家内を置き去りにしてひとり呑みにきた、その後ろめたさを虚空に向けて詫びるかのように。わたしの場合、頼むのはいつも「ぬる燗」。人肌くらい、などと似合わぬせりふは口にしない。

人肌から連想したわけではないが、わたしの好きな徳利の形は、年配の芸妓《げいぎ》さんの、三味線を弾く後ろ姿と二重写しになっている。首が細くて、下に行くにつれてぷうーっと膨らみ、正座したお尻のあたりでほんのちょっとすぼむ、あのかたちで

ある。ベテランの芸妓さんはどういう努力を重ねてこられたのか見当もつかないが、まるで細い円錐のように、肩から張りが消えている。襟首から帯までの線がほんとうになだらかに落ちている。撫でて撫でてをくり返しているうちに、摩耗したというよりも、いと艶やかに、いと滑らかになったあの佇まいである。よく似たかたちが葡萄酒の瓶にもあるが、こちらはちょっとふくよかすぎる。

かたちはまるで違うが、このところわたしが愛用しているのは、島根は松江の居酒屋で出会った九谷焼のような風情の徳利である。これは二重の容器になっていて、ずんぐりした器のなかに湯が張られそこに細身の徳利を差し込む。ほんの少し待ったところで猪口に注いで呑めば、それこそ人肌の温みのようにとろりと喉を通り過ぎてゆく。売り物ではなかったが、無理を言って分けてもらった。温みをじぶんで按配できるところがしあわせである。

マヨネーズのチューブ

今回も、なで肩のシルエット。正確には「ポリボトル容器」と言うようだが、要はマヨネーズのチューブだ。

わたしが幼かったころ、戦後まだそんなに時間の経っていないころ、マヨネーズはまずは洋食の象徴で、まだまだ台所の常備品ではなかった。そもそも野菜を生で食べる習慣がなかったし、海老フライだの牡蠣フライだの、洋風の揚げ物はレストランでごくたまにご馳走としていただくもので、家で揚げるとすればせいぜいのところ鰺くらい。それも醬油をかけて食べた。

マヨネーズは、瓶入りで、容器のシールには英語の表記がしてあるといった印象の、遠い存在だった。それが家庭の食卓に入ってくるには、あのビニールチューブの手軽さがどうしても必要だった。キャップを開けてちゅーっとやるやつ。一九五八年にセロファンの外袋をまとって登場した。この年は日本ではじめてドレッシングなるものが発売された年でもあるらしい。

貴重品だから最後の最後まで使い切る。残りわずかになればチューブを切って、側壁にくっついたのをスプーンでこすり取る。最後は鋏で開いて、フォークか何かで削ぎとる。けちくさいのは嫌いなたちなのに、なぜかこのシーン、節約の心持ちが美しく、けっこう気に入っている。ご婦人方は、化粧品なら、いまもチューブをそうして開き、指先で削ぎ、最後の最後まで使い切るのだろう、たぶん。母親はお釜の内壁にこびりついた米を最後の一粒まで摘んで食べ、子どもには茶碗についた米粒を最後にお白湯《さゆ》を入れてかき込ませた時代。余らせる、残すということを知らない美しい時代だった。

絵の具のアルマイト製のチューブとはちがって、この容器、中身が減っても形が崩れることはない。残り少なくなっても、いかにもみじめな、という感じがしない。マヨネーズは酸化に弱く、だからこの容器は、ポリエチレン層のあいだに酸素を通しにくいプラスチックの層をはさみ込んで三層にしてあるという。工夫の歴史である。

ドクターマーチン（ワーク・ブーツ）

京都から仙台に通うようになって、ブーツが必要になった。冬に道路が凍結することが多いからだ。除雪がすんでいると、舗道はいつもどおりに見え、ほっと安心してしまう。「おしゃべりしてないで、もっとまじめに歩くように」と若い仲間から諭されたことがある。それでごついブーツを買った。「六〇歳を過ぎてドクターマーチンを履いている人をはじめて見た」と、おなじ彼からこんどはお褒め（たぶん）の言葉をもらった。

五〇年以上の歴史をもつ、厚いラバーソウル（ゴム底）に黄色いステッチのあれである。たしかに重くて、硬くて、まるで地面をごつんと叩いているかのよう。靴紐を通す穴はちょうど一〇対ある。

が、一つ困ることがあった。丈のあるこのブーツだと、上を太め、短かめのパンツにするか、裾が極細のそれをブーツの中に差し込まなくてはならない。パンツから買い換えるほかなくなった。そうすると上着もそれに合わせて、ということになる。小さくない買い物だった。

　ゴムのような特殊素材に空気を閉じ込める、エアクッションの靴底を考案したドイツのマルテンス博士と、英国の老舗製靴メーカー、グリッグス社が共同開発したこのブーツは、まずは郵便局員や救助隊員、現場作業員といった、当時ブルーワーカーと呼ばれた人たちに愛用され、労働者階級のシンボルとなった。このワーク・ブーツ、やがてロック・ミュージックの世界に浸透してゆき、さらにパンクやスキンヘッズといった「反社会的」な若者たちに欠かせないファッション・アイテムになっていった。日本語でなら「根性」を表わす靴とでもいえようか。

　ところでラバーソウル（sole）といえば、ビートルズの一九六五年のアルバム「ラバー・ソウル」（soul）。ゴムみたいにどんなかたちにも変容する柔軟で創造的な魂という意味に、黒人のロックンロール（本皮）と比べればしょせんゴムのようなまがいもの、でもそれがオレたちのやり方、というひねったメッセージを重ねて、そういうタイトルにしたのかもしれない。

おにぎり

紀元一世紀ごろのものとおもわれる弥生期の遺跡でも、餅米を握った飯の残骸が発掘されるのだという。米文化の歴史とおなじくらい古い握り飯が、現代もコンビニの棚にしっかり並ぶ。すごいものだ。

たまに出先で時間のないときにコンビニでおにぎりを買うことがある。ぱりっとした焼き海苔の食感はうれしい。ごはんの湿気が移らないように、セロファンで隔離してあり、でもすかっと外せるようにみごとに仕組んである。みごとなものだ。

でもめったに買わない。機械で作ったまったく同形のおにぎりは苦手だ。知っている人に握ってもらう、あの歪なかたちでないと。それに「腹ごしらえ」といえば響きはいいが、要は「済ませる」だけの食事だ。

俵形、三角形、球形、そして円盤形と形はさまざま。黒ごま、菜っぱだけの原型的なものから、梅干し、鰹節、サケ、昆布、明太子といった定番、それに最近の天むす、ツナマヨ、鶏マヨあたりまで、バラエティに富む。

でも、立派な味が添えられるほど、心のときめきは薄らぐ。わたしには塩味だけの、まわりのだれかがわたしのために握ってくれたおにぎりが最上である。

そんな気持ちを予想してか、近ごろは炊きたてのごはんを手巻きにして出す店もあるらしい。でも、衛生のために使い捨てのビニール手袋で扱われているシーンを想像するだけでだめだ。わたしにとっておにぎりはお金で買うものではない。

ある料亭の主人の言葉――「ものの味わいの判る人は人情も判るのではないかと思いやす。人が働いてくれてるということ、この情愛がわからん人々が世の中に多いさかいにね」（霜山徳爾『人間の限界』岩波新書より）。

おにぎりはもともと携行のためのもの。かつての兵糧、芝居のお供から遠足や行楽の弁当まで。「がんばってね」「ご苦労さん」「楽しんできてね」の声をおにぎりに添えて、送りだしてもらわないと。が、いつのまにか、作ってもらったものを「持って行く」のではなくて、売っているのを「買って帰る」ものになった。寂しいこと。

リュックサック

リュックサック。懐かしい響きである。つい小学生のころの遠足を思い浮かべる。いまはバックパックと呼ぶらしい。

リュックサックという名はドイツ語のルックザックから来ており、要は、リュックン（背中）のザック（袋）、「背嚢《はいのう》」のことである。もとはといえば、狩猟で、あるいは登山で、手を自由にするためにあった。現在では、通勤でも、街なかのウォーキングでも、ファッション・アイテムの一つとしてしっかり定着している。

そのきっかけは、たぶん阪神・淡路大震災時にあった。被災地に応援に行くとき、物をよけ、かき分けるには、荷物はリュックに詰めて背負うのが便利だった。

それ以降だとおもう。街なかで普通の人が普通にリュックを背負うようになったのは。背広、コート姿でもリュックを背負う。このファッションがそれまでと違うのは、すぐに年配者にも広がったこと。カバン片手ではバランスが崩れやすい。足許がおぼつかないとき、姿勢の平行をとるにはリュックが便利であった。

ポケットがたくさんついているものから、逆にまったくないもの、それに四角ばった頑丈なものまで、バラエティに富む。通勤に、遊びにと、いろんなものを使い分ける。

ただ、文化としてはまだ若い。身のこなしとして成熟していない。煙草を吸うにも帽子（とくにハット）を脱ぐにも、ハイヒールで歩くにもルージュを引くにも、「ばっちり決まっている」と賛嘆したくなるスタイルがあるが、スマートフォンを操作する姿に「さまになってる」と言えるものは少ない。リュックについてもおなじ。人混みのなか、電車のなかで、他人にぶつけて平然としている人がまだまだいる。マナーが定着していない以上、おしゃれ未満なのだ。

このところ荷物は背負うようになったのに、子どもはおんぶではなく、前で抱っこするのが流行っている。子どもは親を見つめるばかり。親が見ているものをいっしょに見つめることがなくなっている。親子関係が閉じて、これはちょっとやばい。

手帳

これまでいったいいくつ、手帳を変えてきたのだろう。左に週間ごとのカレンダー、右には自由な書き込みができるもの、これは備忘録として併用するには小さすぎた。出版社からいただいた年玉手帳、これはもろもろのデータや地図、社員心得など不要な情報がうるさい。

そしてシステム手帳、これは収容量が大で、差し替え可能。だからいちばん長く使った。電卓から定規、名刺、カード、そして付箋と必要なものは何でもかんでも足していくので、小用でもカバンが膨み、不格好になった。

たどりついたのがスケジュール管理とメモの二刀流。月単位のカレンダーと電話番号簿だけを綴じた極薄のシステム手帳、これは鞄に。罫線が引いてあるだけのそっけない無印の小型ノート、これはポケットに。価格は八〇円。

カレンダーは二年分。去年の今頃を参照することで、忙と閑のリズムがなんとなく摑めるから。ノートのほうには、思いついたことをすべて、順に書き込む。整理

はハナからあきらめている。切り抜きや写真も貼る。二、三ヵ月で使い切るので、ちょっと乱暴に扱っても綴じが外れるところまではいかない。

ケータイやスマホには、多彩なデータのほかに、締め切り通知付きのスケジュール管理機能も付いているから便利なようで、システム手帳からこちらに移った人が多いと聞くが、使おうとおもったことはない。

スケジュール管理、ということは自己管理のために、手帳はあるのだが、管理される暮らしから自由になりたいという逆方向からの気持ちが同時につのる。自分では思い浮かんだ「よしなしごと」を気ままに書きつけているつもりでいるが、管理への抵抗がその裏で疼いている。そんなアンビヴァレントな感情が、手帳を取っ替え引っ替えするなかにはある。

そういうこだわりすら棄てたくなったとき、わたしは、思いついたことを書きつける行為もまたじぶんをピンで留めおくみみっちい作業におもえてきて、この罫線だけの手帳をすら手放しているかもしれない。人生という旅のお供は、季節ごとに変わるものらしい。

ゴミ袋

ものの本によると、わが国で産出する総資源のうちおよそ四分の一が廃棄物になるらしい。約五億トンのそれをもし山間部を除いた日本の平野部分に均して積むと、たった一年で二〇センチになるとか。「日本の国土が五年間で一m高くなるくらいのごみの量が出ている」のだという（石川禎昭『新・ごみ教養学なんでもQ＆A』）。

ゴミはこのように、大量生産、大量消費、そして大量廃棄の象徴である。家庭から出るゴミに限っても、食べ残し、排泄物、汚物、壊れた物品と、生きものとしての人間のそれこそ廃棄不能な条件を突きつけられるようで、〈夢〉からはほど遠い。

そのゴミが〈夢〉のしるしへと反転することがある。ゴミ袋によってである。

一九八〇年代のことになるだろうか、ビデオ機器が出回るようになってすぐ、寺山修司と谷川俊太郎のあいだで「ビデオレター」が交わされた。そのなかで谷川は

じぶんが身につけている物を次々と床に放り出したあと、最後にブルーのゴミ袋を被せ、画面いっぱいに映った青に、「これは私の青空かもしれない」という声を重ねた。

二〇一四年のヨコハマトリエンナーレ。その主会場の最寄り、みなとみらい駅には、黒ビニールのゴミ袋かと見紛う態の構造物が、雑踏のあいだにそっと置かれていた。

東北の被災地では、汚泥を入れたずだ袋をピラミッドのように積み上げるアーティストとボランティアたちの活動があったし、別の場所では、積み上げると富士のかたちになる青と白のゴミ袋の山や、持ち手を縛るとウサギのかたちになるゴミ袋などもあったという。

ゴミが材料に化ける。ゴミ置き場が作品の展示場になる。ゴミ掃除がなにか作品を創る活動に反転する。だから遊びのように楽しんでやれる。減量とか分別の意識よりはるかにモチベーションも上がる。

だから、ゴミ袋の色の標準が長らく青だったというのも、つい深読みしたくなる。

「青い目がなくてどうして本当の青い空が見えようか」（『水と夢』法政大学出版局）

そう書きつけたのは、詩人で科学者のG・バシュラールだ。

便器

便利すぎるというのは難儀なものだ。このところのトイレにはボタンがいっぱい付いている。温水洗浄便座の強弱からビデや「音姫」のスイッチ、便座の温度調節のつまみ、それに節電モードや日付表示のボタンまである。つい要らぬボタンを押して、思わぬところがずぶ濡れになることがある。家のトイレが自動洗浄になっているので、外でもついレバーを押すのを忘れ、おのが一部を残してくることもある。クソっと口走ったときはもう遅い。

旨い食べ物やワインについて語りだしたら止まらない人がいるが、トイレについてもひとはうんちく（蘊蓄）をかたむけるものらしい。トイレについて書かれたエッセイは数知れなくある。最近は、なんとトイレをテーマにした「大分トイレンナーレ」という芸術祭もあると聞く。

かつてわたしが感銘を受けたのは、谷崎潤一郎の「厠のいろいろ」（『陰翳礼讃』）のなかで紹介されているまこと優雅な厠《かわや》、二つ。

建物の二階から川原の崖の上に張りだした厠は、床は板一枚。下には菜の花畑も見え、糞を出せば、はるか下方に落下してゆくあいだ風と微かに戯れ、ときに蝶がひらひら舞う。たまに通行人の頭をかすめることもあるという。それを脚のあいだから眺める風流。もちろん臭気は皆無。

いま一つは、蛾の翅《はね》を集めて壺の中にたっぷりと入れた便器。固形物がぽたりと落ちると、勢いで金茶色をした無数の翅が舞い上がり、糞は噓のように翅の中に消えてしまう。

菊と木槿小判形大便器／梶原敏英撮影

人はこのように、便がすぐにその姿をくらますよう、知恵を絞ってきた。けれどもほんとうにそれでよかったのか。水洗トイレであれ、谷崎のこの二つの厠であれ、これしか使っていないと、子どもは生涯、他人の便をじっくり見る機会をもてなくなる。色も分量も硬さも重さも他人と比較できず、したがってまた糞から自分の体調を判断する力もつかなくなる。何が普通かもわからず、これはこれでとても怖いこと。

雨傘

映画『シェルブールの雨傘』ではないが、傘の競演は真上から見るのがいい。もちろんそんなチャンスはめったにないだろうから、ビルの二階にあるガラス張りのカフェからでもいい。

上から見れば、黄色い傘、白い傘、赤い傘、紫の傘、あるいは縞模様の傘、水玉模様の傘、ごくたまに渦巻き模様の傘にも出会え、まるで次から次へと花がいっせいに開いたかのよう。雨は好きではないが、傘が次から次へと、楽譜に描かれたトレモロのように開く瞬間はぞくっとする。

黒い傘をさせばつい俯きがちになる。だからさすなら洗濯物のように真っ白な傘、あるいは色鮮やかな蛇の目傘。大きな水玉模様の傘も好きだ。ひっきりなしに落ちてくる雨粒に「負けた」と言わせそうだから。

『シェルブールの雨傘』とは逆に、傘を真下から眺めるのもいい。二つ、手がある。一つは、今でこそありふれたものだが透明なビニール傘。これだと世界は暗く

ならない。世界が下半分にならない。
もう一つは、傘の裏を青空にすること。一九九二年にグラフィックデザイナーのティボール・カルマンとE・F・マグナッソンが考案した「スカイアンブレラ」（MoMAデザインストア）。傘の裏に、青空とそこに浮かぶ真っ白な雲が描かれている。しつこい雨降りでも、この傘をさせばいつも青空の下。そういえばおなじデザイナーの大きなトートバッグも、中を開けば青空と白い雲が一面に描かれていた。ぼくたちのもっとも大切な持ち物は青空だと言わんばかりに。
透明な傘とスカイアンブレラ。このどちらかがあれば、雨もちょっとは楽しめる。けれども、雨降りでよかったとおもえるのは、だれかに「お入り」と傘を差しだされたとき。それが未知の人だととくにうれしい。もう一本余分に持って大切な人の帰りを待つ、駅前で見つけるそんな姿も好きだけれど。
土門拳が砂丘の強い陽射しのなかで撮影しているときに、後ろから差しだされた傘を植田正治が撮っている。傘はそんな思いやりのアイテムとしてあるとき、もっとも美しい。

ポスト・イット

技術はおもしろい。使いものにならないものがうまく転用されたり、失敗が思いもしない発見に結びついたりする。後者の例では、別々の実験で使うはずだった試料を混ぜてしまうという失態が、後にノーベル化学賞の受賞につながったあの田中耕一さんの研究が有名だ。

いまや事務作業の必需品となっているポスト・イットも、そうした失敗から生まれた。

一九六八年、テープやフィルム、断熱材や防水シートを開発してきた米国３Ｍ社の研究員だったスペンサー・シルバーは、ある接着剤を試作したが、思ったより簡単に剝がれてしまい、接着剤としては失格だった。ひょっとして別の何かに使えないかと、あきらめきれずにいたら、しばらくして事業部のアート・フライが本の栞に使えるぞと言いだす。

さらに、人のあいだを行き来するメモ用紙、つまりはコミュニケーション・ツールとして使えそうだと、アイディアを膨らませる。試しに、全米の優良企業の秘書たちにサンプルを送ると、これがすこぶる好評で、注文が殺到した。そして八〇年、ついに商品化にこぎつける。

日本では付箋紙としてまずは注目を集め、さらにメモ用紙、書類を綴じるときのインデックス、重要箇所を示すポインターなど、どんどん商品開発が進んで、いまや事務仕事になくてはならないものに。

資料調べが本業のようなわたしは、いまやこれなしに仕事はできず、とくに仰向きになって読むときにも剝がれないのが有り難い。情報化だのIT化だのと言っても、やはり本やノートにじかに貼りつける手作業にかなうものはない。いつ消えるやもしれないパソコン内部のデータより、ポスト・イットの手ざわりのほうが体に残り、信頼できる。

IT時代の先端的な研究機関、東京大学の情報学環が開設されたとき、その式典でお土産にと配られたのがこのポスト・イットだった。IT時代を牽引するこの機関が開設時にすでにポストITの時代を見越していたというのは、凄いことだ。

マグカップ

「一服」といえば、お茶の一服であるとともに、転じて、ちょっと一休みという意味にもなる。一息入れること。詰めていた息を抜いて、いちど深呼吸すること。

この深呼吸の意味を突きつめてゆくと、茶の湯になる。ただお茶を一服いただくこと、それだけであってそれ以上でも以下でもない大事なひととき。それをいただく人は、あらゆる世俗の地位や約束を解除して、人として、一期一会で向きあう。茶の席では料理から菓子まですべてが最後のこの一服を豊饒にするためにある。

それだけではない。にじり口に到るまでの庭の掃除、茶室のしつらえ、そして道具の選びまで、濃《こま》やかな段取りも要る。そしてこれは客を迎える準備であるとともに、みずからの心を深く整えなおすプロセスでもある。

オフィスではそうはいかない。一息入れて心を整えようにも、時間はあまりとれない。しつらえどころか、作業中のその机の上でまずは一服するのだが、すぐに作業を再開し、心ここにあらずという感じでカップを口に運ぶ。仕事にあらためて弾みをつけるための、まさに再生（リ・クリエーション）のための一服なのだ。

だから器も、両手で大事に掲げる茶碗ではなく、取っ手のついた簡便なものがいい。一回でたっぷり飲めるようにサイズも大きめがいい。オフィスの水屋に入れておくものだから、まちがわないように一目でわかる個性的なデザインのものがいい。ということでマグカップのマイカップなのである。

でも、わたしにどうも懸想しているらしい人、あるいは憎しみを抱いているらしい人に、妙にじっと見つめられるのも気持ち悪いから、〝悪目立ち〟しそうなデザインはやめたほうがいい。うっすらと自己主張しているくらいでちょうどだ。
となると、Tシャツを選ぶときの感覚に似てくる。ポップで、チープで、こだわりの絶対オリジナルではなくちょっとステレオタイプなほどの、そんな絶妙に控えめな個性の表現？
くつろぐためにありながら、いろいろ気を遣わせるアイテムである。

眼鏡のフレーム

ショッピングでいちばん選択に困るのが眼鏡のフレームだ。近視の人にしかわからないであろうが、いろいろ眼鏡のフレームを選んでも、装着するとどんなふうに見えるのか、それが確認できないのである。レンズがまだ入っていないから。そのためだけにコンタクトレンズを買うのもばからしい。

いまの眼鏡店、いろんな色、いろんなかたち、満載である。金属、鼈甲《べっこう》、樹脂、木など、素材も多様だし、かたちも円から楕円、四角、まれに星のかたちをしたのもある。わたし自身は、老眼が強くなってから、運転用、室内用、机での作業用と、焦点の異なるものをいくつか使い分けている。外出用でも服によって二種類、使い分けている。

レンズが視力を矯正するとすれば、フレームは目許を、というより顔そのものを演出する。顔の地味な人は眼鏡をアクセントにできる。美人の誉れ高い人は、わざと不釣り合いな眼鏡をかけることがある。すれ違う人にじっと見つめられるのが鬱陶しいからだろう。そういう視線を外したくて、近視でなくても、顔の印象を抑えるためあえて太い、ファニーな眼鏡を装着する。だが、そういう人にかぎってますます美しく見えるというのが、なんとも憎たらしいところである。

いや、そういう人こそおしゃれの秘密を知りつくしているのだろう。ファッションというのはバランスである。バランスであるからには、その人の佇まいに、逆方向の二つのヴェクトルが交叉しているほうが人目を惹く。全身フェミニン、全面マッチョは、退屈なのだ。体の表面に何かの動きが生まれると、同時にそれを否定するような動きも生まれるというところに、蠱惑《こわく》や妖しさが浮き立つ。視線を隠すサングラスも、隠すことで逆に強烈な意味作用を発揮する。

絽《ろ》や紗《しゃ》を上重ねする夏のきもの、そこには見る人の眼を涼ませようとの思いがある。おなじように、眼鏡で自分の顔を演出するときも、それを見つめる他人の眼をデコレートするという意識だけは失わないようにしたいものだ。

箸

道具として、箸ほど単純なかたちのものはない。細い二本の棒。それだけのシンプルな造形なのに、機能はきわめて多岐にわたる。つまむ、はさむ、すくう、きる、さく、めくる、ひらく、ほぐす……。たった二本で、指の代わりを、ときに指以上の仕事をする。

道具というのは、便利なのがいいに決まっている。だから、西洋では、一つの道具をさらにまた機能別に分化し、それぞれのクオリティを上げる。食の場合なら、切るにはナイフ、掬《すく》うにはスプーン、刺すにはフォーク、さらにナイフも肉用、魚用といったぐあいに。道具にそれぞれ専門があるのだ。

箸は違う。飯であれ、魚であれ、豆腐であれ、汁物であれ、みなおなじ一つの箸で用を足す。つまり、機能を分化させないのだ。

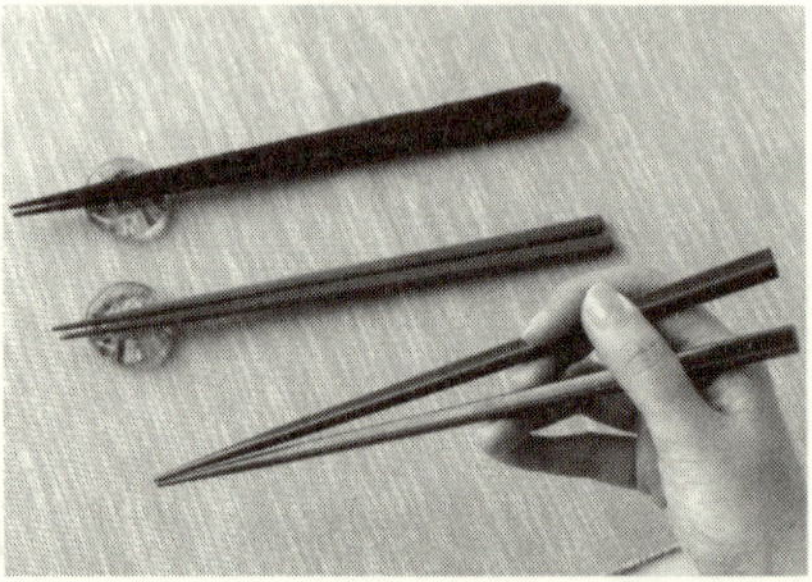

これは箸にかぎったことではない。たとえば座布団。どんな状況でも、座布団は座布団、そっけない四角の蒲団があるばかりだ。西洋なら、椅子もまた作業用、応接用、会議用、食卓用、仮眠用と、機能分化させてゆく。状況にもっとも相応しい形態を求めて工夫を重ねる。座布団だって日本の技術力をもってすればそんな工夫いくらでもできそうなのに、あえてしない。仕事場でも客間でも食卓でもおなじ。そう、座布団を改良するのでなく、座るほうが座り方を工夫するのだ。正座をする、あぐらをかく、横になりたいときは畳んで枕がわりにもする。

体をアホにしない。そのために体にいろいろ工夫させる。使いながら同時に「器用」を育み、磨くという、なんとも奥深い知恵がそこにはある。突く、刺すは、あまりに安易だからであろう、御法度だ。

とはいえ「器用」だと、つい余計なこともやってしまう。箸の場合だと、迷い箸、ねぶり箸、さぐり箸（椀のなかを探る）、回し箸（汁物をかき混ぜる）、そら箸（食べようと箸をつけてから引っ込める）。これらは美しくない。箸には、食べた跡もきれいに整える仕事もある。さらに、自然のいのちとじかに触れ、そこから恵みをいただくものであるから、神事にもつきものだ。

ハンガー

洋服のしまい方には三種ある。マネキンに着せる。ハンガーで吊す。平らにたたむ。

きものはその点よくできていて、たためばきちんと揃った矩形《くけい》になるから、簞笥《たんす》の引き出しに何枚も重ねて収蔵することができる。そんな和服にもハンガーにあたるものはある。衣桁《いこう》だ。が、これは展示や室内装飾、あるいは乾燥のために使われるものであって、収蔵のためにあるのではない。

ハンガーはほとんど改良の余地もないほどにシンプルな機能しかない。服を吊すだけ。工夫といっても、ハンガーの軸をスライドさせて横幅を広げられるようにするくらい。バスタオルの乾燥や幅広のスカートの収蔵にはたしかに便利だ。

上着の形を崩さずに保存する大事な用具ではあるが、結局は服に隠れるものだから、凝ったデザインのものなどあるはずもない。が、たまに、それもとくにお気に入りの服があると、ビニール製のマネキンの上半身を模したハンガーなんかに掛けてみたくなる。

針金やプラスチックなど軽量のハンガーは意外なところで役立ってもいる。カラスが物干し場から盗み、それを敷いて巣を作るのだ。どんな籠もり心地か想像もつかないが。

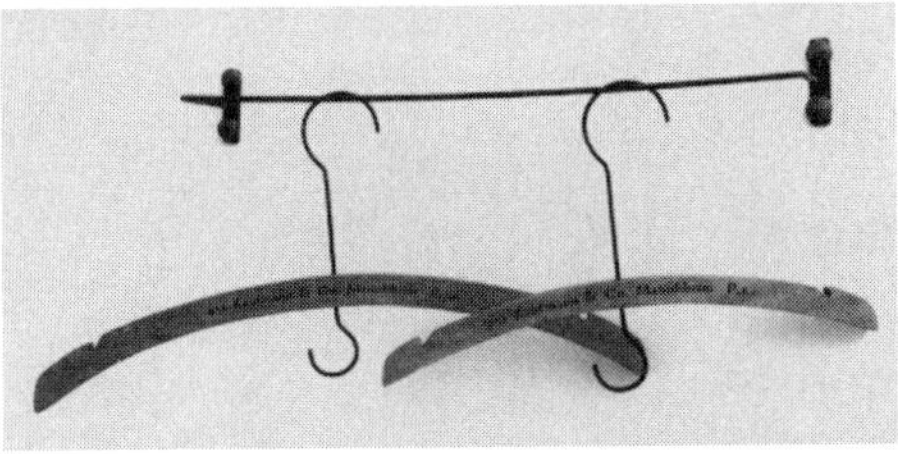

ハンガーはいつもそんな裏方でしかないのだが、わたしが知るかぎり、一度だけ、衣服と対等な役を振られたことがある。
ひとの意識や感情は身体と深いつながりがある。最近の科学では、意識の機能と脳のそれとを一つ一つ対応づけるような研究も進んでいる。それは服とハンガーの関係のようなものだと、フランスの哲学者、ベルクソンは言う。ハンガーが落ちると服も落ちるし、ハンガーが揺れると服も揺れる。ハンガーが尖ったものであれば、服に穴があき、破れることもある。しかしだからといって、服を知るためにはハンガーの構造を知ればよいというものでもない。けれども、ハンガーに吊されることがなければ服は落ちてぺしゃんこになる。ハンガーという脇役に、人間という存在に深く組み込まれた、心身関係という複雑な二重性が映っているとは。

ポチ袋

お寺生まれの義母は、早朝に托鉢《たくはつ》に回る若い修行僧には「喜捨」を、家に入る職人さんには「心付け」を、品を届けてくれた人には「おため」を、お使いに来た子には「お駄賃」を、と事あるごとに人に「あげる」人だった。

花街でもこれは習いになっていて、客は座敷を回る太鼓持ちや芸妓に「はな」（祝儀）をそっと手渡す。むきだしで渡すのも、それとわかる熨斗《のし》や水引などを付けるのも不粋。それで、折りたたんだ紙幣や小銭を紙でくるんで渡したが、小銭がこぼれぬよう、しだいに小袋に入れるようになった。チップと違って、上から施すという感じになってはいけない。

ちょっとした感謝とねぎらい。だからポチ。「これっぽち」のポチである。フランス語のプチ（小さい）もしくは英語のスポット（少量、即金の）に由来するという説もあるそうだ。この祝儀袋、やがて「お年玉袋」とも言うようになったが、「玉袋」という言い方は、ちと誤解を招きかねないので、猫のタマを犬のポチにし

たという、さらに嘘みたいな説もある。

気持ちが行き交う風習だから、遊びや軽みが大事。少額であることを強調して逆に「金千両」とか「大福帳」と表に刷ったりもした。「寸志」、つまり「ほんの気持ち」とは、裏を返せば「たま」（魂）を分け与えること。相応の支払いはしているのだが、それに感謝の気持ちを足す。とはいえ負担に感じるといけないからあくまで少額。が、贈られた側には余分をいただいたのだから申し訳ないとの気持ちは残る。

とするならこれは、借りをはてしなく作りあうことで関係を途絶えさせない、そんな知恵なのかもしれない。一回かぎりで関係を切らない、契約（均等交換）を超える論理である。だから、いつも少し多めにという不均衡が肝となる。受けとる側の「すみません」という一言も、「いますぐには返しができませんが」（返しが済んでいない）という意味かも。ただし、返礼も、贈る側のせっかくの気持ちを削がぬよう「半返し」にする。大した知恵である。

扇子

扇子はうちわ（団扇）とは違って、年中用いられる。団扇はあおいで空気を動かし、場を涼ませるものだが、扇子は涼をとるためというより、装いの一部として、さらには舞踊や茶席や婚礼などの儀式の小道具としても欠かせないものである。

扇子は平安時代の初期に薄い檜《ひのき》の板を糸で閉じた檜扇《ひおうぎ》が発祥とされ、その後、骨に木や竹を用いた折りたたみ式の紙扇へと発展し、さらに絵や文様を描き、飾り紐をつけたものなど装飾性を増していった。その末広がりの形から、祝儀の席、和服の正装につきものの装具となった。

そういうかしこまった席での小道具としての扇子には、おおよそ次の二つの機能があるといえる。

一つは見立て。舞踊において、扇子は手ぬぐいとともに、人間のさまざまな仕

草、さらには森羅万象を表現するのに使われる。刀を振りかざす、笛を吹く、太鼓を叩く、舟を漕ぐ、傘を差す、文を書く、酒を注ぐ、煙草を吸う、荷物を担ぐ、障子を開けるなどのふるまいを擬すこともあれば、吹雪が舞うさま、さざ波の立つさま、滝水の落ちるさまを表現しもする。

人の指はさまざまの合図や信号を送るだけでなく、影絵にみられるようにさまざまの物、さらには生きものを表わすが、同様に、扇子一つにも無数の役があてがわれ、身体のそうした象徴表現を無限に増幅させる。だから舞踊（や落語）においては、扇子を指や手首の動きとやわらかく連動させることが肝要となる。ちなみに肝要の「要」は扇の「かなめ」からきている。

いま一つは仕切り。自他の境界、聖俗の結界などの区画を設《しつら》える。深々と礼をするとき、前に扇子を横向きに置く。自他のあいだに明確な区切りを象徴的に設定するのである。かつて公家や女性が扇で口元を隠したのも、心の内を相手に悟られないためであった。

今日ではしかし、インターネットで人はいつでも匿名になれ、自他がじかに対面する場面も減ったので、それにともなって、（河合隼雄さんの駄洒落をまねれば）自他のあいだを微妙に調整する扇子《センス》も不要になった。扇《おうぎ》から奥義《おうぎ》が消えた。

名刺入れ

何でも愛用のものを見つけるまでに時間がかかる。わたしの場合、いちど相性のいいものに出会うと、ずっと使いつづける。手帳はおなじものを四半世紀使っているし、クルマもおなじのを一六年間乗り回してきた。

名刺入れもそう。革製、ビニール製、金属製など数え切れないほど試したあとにようやくたどり着いたのはカードホルダー。ハイタイド・パヴォという名のそれは、皮革もどきのカバーに紙製の蛇腹がついたもので、素材からしてとても軽い。ポケットは七つある。そこに自分の名刺三種といただいた名刺、さらに紙の眼鏡拭きを分けて入れている。蛇腹の一つ一つが膨らんだり縮んだりする。だから元来は五ミリくらいの厚さなのだが、詰め込めば二センチ以上にまで膨らむ。膨らんでもゴムの輪で括れるのでばらけることはない。価格は六〇〇円。みんな一〇倍以上の値で見てく

れる。消耗はやや速いが、色揃いもよく、いつもまとめ買いする。

ネットでの通信があたりまえになって、じかに名刺交換する機会はずっと減るかと思っていたら、じつは逆。あたりまえである。まずはじかにメールアドレスを教わらないと交信も始まらないから。

ただ、名刺の体裁や記載内容はずいぶん変化した。ときには氏名と携帯電話の番号とメールアドレスだけのものもある。こういうときはつい「どちらにお住まいですか」と訊いてしまう。携帯電話には市外番号がないし、メールアドレスからも場所は推し量れない。

初対面の人と話すときはまず所属先や住まいのある地域のことを話題にする。そして共通の土俵を見つけ、土を少しずつ固めていって、やっと突っ込んだ話に入る。そんな同心円を少しずつ広げてゆくようなコミュニケーションの作法は、もう古いのかもしれない。個人の存在と場所との結びつきがゆるくなったのだとすれば、名刺の使い方にももっとバラエティがあってよい。

元はといえば、名刺は訪問した先が不在のときに挨拶代わりに置いてくるもの。西欧ではだからヴィジティング・カードという。

アウディTTクーペ

クルマの話で始まったこの連載、クルマで終わろうとおもう。

はじめて乗ったクルマは、名前も忘れた軽のトラック。荷台のしっかりあるやつだ。当時、夢み心地で憧れていたのは、外車ではアルファロメオ（なら何でもよし）、国産ならいすず117クーペとベレット1600GT。何よりデザインに惹かれた。が、いずれも雲の上のそのまた上にある存在だったので、居直って逆にもっとも安い中古の軽トラにしたのだった。

もともとわたしはラグジャリーより「素」が好き。菓子パンやサンドイッチよりトーストが好き、というタイプだ。次に乗ったホンダもおなじ下駄履き感覚で選んだ。その二代目、まっ赤なシビックには一四年乗った。ずっと屋外に置いていたので、廃車するときにはピンク色になっていた。

子育ても介護もほぼ済んで、はじめて家族用でないクルマに乗り換えた。左ハンドル、マニュアル仕様、4輪駆動のターボエンジン、ナビもオーディオも余計な装

具の一切ないアウディTTクーペ。往年のカルマンギアを丸くしたような車型に一目惚れしたのだ。これには一六年乗った。

ジムに通わず、ジョギングもしないわたしなどには、五感をフル稼働させる時間といえばクルマの運転。前方・後方をたえず注視し、ハンドルの感触でクルマの重さを感じ、エンジンの回転を聴診し、路上を臀部で感知し、足でエンジンとミッションの様子をうかがう。まるできょうの体調をクルマに訊くみたいに。かくして「下駄」は「友人」へと昇格した。

が、うかつというか、人は終わっても老犬の介護がまだ残っていた。ケージに入れて通院する必要から、仕方なく広めの収蔵スペースがあるバンに乗り換えることになった。はじめて乗るオートマチックのクルマだ。が、今様のクルマはこちらに負担をかけないようにとの心遣いか、機能の多くがコンピュータ仕様になっていて、何でもかんでも勝手に決める。そう、お節介が過ぎるのだ。わたしはクルマの「客」ではない。世話してもらうのでなく、語りあいたいのだ。「友人」を失ってわたしはいま、ひどく落ち込んでいる。

Ⅱ 〈生存〉の技術《アート》

小さな肯定

《青春に魅力があるとしたら、その魅力の秘密は、なんでもできるというところにではなく、なんでもできると思えるというところにあるのかもしれません。》十九世紀ロシアの作家、トゥルゲーネフの小説『初恋』（沼野恭子訳、光文社古典新訳文庫）のなかの一節である。

たしかに大風呂敷や身のほど知らず、生意気が「青春」には似つかわしい。が、それ以上に、反抗や不従順、ぐずりやふてくされというふうに、若いころの精神のおさまりのわるさは否定的な言辞で表わされてきた。エスタブリッシュメントへの抵抗、カウンターカルチャー（対抗文化）、ドロップアウト（意図的な落伍）がまぶしく見える、そんな時代がそれなりに長くあった。

けれどもこうした〈大きな否定〉はいまの若い世代にはなじまないのか、「合わないな」「無理だな」と思えば、反抗も抗議もせずにその場から「黙って」すっと消えるか、あるいは「見限って」さっさと場所を変える。そんな印象がある。

それに、辺野古沿岸部への土砂投入や入管難民法改正案の成立には賛成できなくても現政権への支持は大きくは変えない、そんな不可解ともいえる現象をも考え合わせると、このところの若い世代は、反撥や反抗でもって社会が動く、そんなダイナミズムにはもはや期待していないのではないかと、ついおもう。〈反〉という抵抗を試みようにも、社会のほうがすでに鬆《す》のようにすかすかになっているのと感じるのか。あるいは、〈反〉という次元での抵抗など無効でしかないとすでに思い定めたのか。いずれにせよ、〈社会〉の底が抜けはじめたという思いが日々深くなっている、と。

いうまでもなくこの背景には、地域社会の「紐帯」の消失や非正規雇用の拡大、さらに「ワーキングプア」と呼ばれるような、働いても働いても貧困から脱しえないという労働市場や税制度の構造など、複合的な要因がある。そしてその貧困も、「ネットカフェ難民」という語が象徴するように、寄せ場や吹きだまりといった限られた場所ではなく、社会全体に広がってきている。

だが、「黙って」消えるところ、「見限って」場所を変えるところには、〈大きな否定〉ではなく〈小さな肯定〉をもういちどゼロから積み上げてゆこうとの思いもまた生まれつつあるのではないか。

市場や制度に翻弄されるのではなく、生活上のさまざまの問題にじぶんたちの手でそれなりに対処できるよう、小さなサイズのコミュニティを足下から一つひとつ再構築していこうという動きだ。わたしの周辺にも、オフィスをシェアしたり、住まっているその場所を職場にしたり、夕食時に「屋台村」に集ったり、「複業」「協業」というかたちでいろんな作業を担ったり、共同保育を始めたりした若い友人が、数は限られるもたしかにいる。

底の抜けた社会を自前で再建してゆくその一歩なのだとおもう。集団が粘度を失い、まるで砂粒のように時代の構造変化に流されるばかりといった状況を、〈大きな否定〉ではなく〈小さな肯定〉を丹念に積み重ねながら押し返していこうという静かな意思をそこに感じる。そのなかで、信頼、助けあい、おつきあい、憐れみ、共感といった古い「徳目」が、これまでとは違う感覚で模索されているのかなともおもう。

問題解決のコンテクストをみずから紡ぎ、編んでゆく。これこそ民主的な社会における〈政治的〉な行動の基本だったと、あらためておもう。

〈支援〉と〈応援〉

畳みかけるように列島を襲った地震と豪雨と台風。二〇一八年の夏の災害は尋常ではなかった。その後の三連休にも相当数のボランティアが被災地へと向かったと聞く。復旧作業では人手がともかくありがたい。

東日本大震災の報道にふれたとき、人びとはその映像に息を呑むほかなかった。交通も遮断されており、義捐金《ぎえん》を送ること、被災地に食料や物資がしっかり回るよう消費を控えることくらいしか思いつかなかった。

やがてボランティアによる瓦礫の片づけが始まり、さまざまのニーズに合わせた復旧・復興支援が続いた。が、そのニーズも、時の経過とともに、そして場所によって、複雑にばらけてゆく。復興が遅れるなかで、たとえば補償金がもらえる人ともらえない人、帰還できた人とできずにいる人、復職できた人とできなかった人というふうに、人びとが分断されてゆく。町の復興も修正を余儀なくされる。防潮堤など公共工事に人手を取られ、肝心の地場産業が人手不足になってしまう。それに移住先での生活の不調も。

そんななか、支援する側でも思いがもつれてくる。懸命にやったつもりが、被災地のニーズをとり違えていたらしいと、後になって気づかされることがある。予想だにしなかったトラブルに遭って落ち込みもする。

けれども、現地でいろんな難事に立ち会ううち、深刻な過疎や人口減少も、放射能汚染も、もはや被災地だけの問題ではないことを肌で知った。食材やエネルギー源といった日々の生活の基盤を、みずからの手で担い、修復もするそんな習慣を放棄し、国家や市場が提供するシステムにひたすらぶら下がるようになったわたしたたちの暮らしのありようを根本から問い質すことは、この列島に生きるすべての者が迫られている課題だと思い知った。

被災地の問題から、わたしたちもおなじ当事者なのだという意識に転換してゆくにつれて、これまでの〈支援〉も〈応援〉へと移行してゆくのではないかと、このところ思いはじめている。援助という意味での〈支援〉（サポートやアシスト）から、ともにおなじ課題と取り組む者としての連帯という意味での〈応援〉への移行である。

支援の活動に参加できなくても、応援ならいつでもどこででもできる。東北の特産品を買うことも応援だし、東北の歴史や産業の現況を知ることも、被災者を支援する人の支援をすることも応援である。

そういえば応援団をチアリングパーティーやチアリーダーという。そのチアの語源を調べると古フランス語やラテン語の「顔」に行き着く。ならば応援とはまさに「顔」を差し出すことだといえまいか。

わたしも仙台に毎月通うようになって六年になるが、最近は、一方でたとえば震災遺構の保存の是非についての溝の埋まらぬ議論をじかに目にしながら、もう一方で、今月もまたあの人に会える、あれを食べられると、行く前から楽しみにするようになっている。「また来ました」と、照れまじりに顔を出す。彼の地へ引っ越した隣人を久しぶりに訪ねるかのようにである。

これまでの匿名的な〈支援〉から、見知りの人への〈応援〉へ。それは支援の縮小ではなく、問題を共有していること、それぞれにその問題に取り組んでいることの、いわば泣き笑いの相互確認である。〈支援〉といえるような大それたことはできなくても、じぶんとおなじ問題に直面してとまどっている人がいる、その確認が目くばせでできたなら、それはもうまぎれもない〈応援〉である。

暮らしのバックヤード

工業写真を長く撮りつづけているマーク・パワーという英国人がいる。その彼が、ある企業の依頼を受けて来日し、都営交通のバックヤードを撮ることになった。地下鉄やバスの営業所などを回ったあと、彼の眼は、地下鉄やバスの車両整備や保線管理にあたる「車両検修場」に釘づけになる。

東京にかぎらないが、日本の都市は、道は入り組み、建物もばらばら。見上げると電線や看板が空に落書きしたようになっている。雑然としか言いようがないのだが、一足「車両検修場」に踏み入れると、およそ別の光景があった。工具や部品やヘルメットが整然と収納され、軍手や作業服が等間隔で干されている。写真家は所員たちの「知的で誇りを持って」なされている仕事にふれ、その「美しさ」に静かな感動をおぼえて、それを写真集『MAINTENANCE』(青幻舎)にまとめた。

都市交通のそうした舞台裏はふだん人目につかない。だが、それらの写真にはいつかどこかで眼にしたような感触があった。そう、補修のためときどきわが家を訪れてくれる大工さん、植木屋さん、電気工事屋さんである。後片づけは非の打ち所がないし、車には工具や部品、梯子やビニールシートが整然と収納され、乱れや無駄がない。

これらにかぎらず、日々の暮らしの背後には、それを陰で支える人びとがどっさりいるはずなのだが、いまの都市生活では彼らの姿が眼に入りにくい。レジでの支払い、カード決済、通信販売、自動改札など、買い物から通勤まで日常生活の大半は行政や企業の提供するサービス・システムに依存しており、その裏にはシステムを点検・補修している人がいるはずなのに、それが見えない。それへと想像が及ばない。

かつて小売店が並ぶ街角では、その仕込みの場がじかに見えたし、奥の気配もなんとなく察せられた。物の売り買い一つとっても、小銭の行き交いに相手を思いやる気持ちが伴っていた。それがいま、使い勝手が悪くなると修理を頼まずに買い替える。人と人、人と物の関係が、人手を通さなくなっている。

たしかに煩わしさは減った。だがそのことによって、何かとてつもなく大事なものまで消えようとしているのではないか。

精神科医の中井久夫は、『「昭和」を送る』（みすず書房）のなかでこう書いていた。日本では「無名の人が偉いのだ」。そこに「勤勉」と並び根づいているのは「工夫」で、それこそ「既存のものをあまり目立って変えないようにし、外見は些細に見える変更の積み重ねによって重大な障碍を迂回し、精力の浪費なくして、中程度の目的に達すること」だと。

そういう目立たぬ手直しと手入れとによって、わたしたちの暮らしは決定的な破綻をまぬがれている。ここに腐蝕が起こりはじめたとき、社会はそれと気づかれることなく内から崩れてゆく。次から次へと知らされる公職上の不正や不祥事がその徴候でなければよいのだが。

ちなみに中井は右のように書いたあと、「無名の人」たちのその誇りも、社会が不安定になると、「なめられてたまるか」といった、歪な敵愾心《てきがいしん》へと裏返りがちであることにも注意を促している。

素手の活動、手編みの関係

《せんだいメディアテーク》。ネット社会の到来をだれもがまぶしく待ち受けていた時期にオープンしたこの施設は、その名称から、最新のメディア設備を提供したり、最先端のメディアアートを展示する施設とイメージされがちだが、そうしたミッションはじつは想定されていない。

それは当初、市民の「学び」と自発的な社会活動をさまざまの技術と手法をもって支援する施設として構想された。そのため、スペースも、特定の活動内容を想定してではなく、利用者自身が場所の使い方を発見してゆくよう無限定なままに放置されている。

七階建てなのに垂直の太い柱はなくて、斜行する細いチューブ群で支えられているのも驚きだが、全館ガラス張りで、しかも壁がほとんどない。スタジオにも展示空間にもカフェにも（そして事務局にも）。部屋を機能別にそれぞれ閉じるやり方は、管理はしやすいものの、肝心の利用者が相互に分け隔てられ、そこでなされる活動もまた限定されるからである。

逆に、境界を曖昧なままにしておくと、管理はしにくいが、利用者は隣の活動、さらにはフロアの気配をなまで感じ取れる。たとえば事務局のカウンターの向こうのテーブルでは受験生が黙々と勉強しているが、カウンターでの市民のクレームとそれへの事務方の対応がいやでも耳に入ってくる。それがなによりの「社会勉強」になる……。

展覧会やトークイベントも数々催されるが、日常的になされているのは、てつがくカフェ、シネバトル（書評バトルの映画版）、雑がみをアートの資源にする「ワケあり雑がみ部」の活動、大津波に襲われた沿岸集落でかつて聞いた言い伝えや民話の語りつぎ、そして震災体験の映像アーカイブなどである。そう、ここで取り組まれてきたのは、最新機器を駆使したメディア表現だけではなく、それとは逆ヴェクトルの「素手」の活動であり「手編み」の関係づくりなのである。この傾向はとくに震災後、ますます強くなっている。異なる人と人を繋ぐ《メディア》が何か、それを問い続けている。

人びとの相互交通を、ひいては世界を格段に拡げるはずだったほかならぬそのメディアが、世界を狭めるコミュニケーションツールになりだしているという苦い認識がスタッフにはある。インターネットやＳＮＳ（交流サイト）は、見たいものだけを検索し、つきあいたい人とだけつきあうというふうに、人びとを知らぬまに同じ嗜好をもつ小さな集団に閉じこもらせる。そして、平川克美が近著『21世紀の楕円幻想論』（ミシマ社）で指摘するように、グループ外の人びととの活動については、「罵倒するか、冷笑するか、無関心かのいずれかの態度」しかとらなくなる。メディアが、人を繋ぐというより分断するよう機能しだしている。世界がどんどん閉じてきたのだ。

《多様性》というのは、異なる集団が無交通のままに併存することではなくて、異なる者が交わり通いあうこと、そしてみずからの視野の内部に、異なる者、異なる基準を容れる空地をちゃんと設《しつら》えているということである。企業や地域の行動でいえば、なにかの業務をそれはじぶんの務めでも領分でもないと言いつのるのではなく、組織が設定した堰を超えて溢れ出《オーバーフロー》るような活動を誘いだすということである。

そういうものをおのずと引き出してしまうような工夫がこの建物には埋め込まれているのか。建築家・伊東豊雄がもしそこまで見越して、「あとはお好きにどうぞ」とばかりに利用者に委ね、あえて壁も柱もないがらんどうの空間にしたのだとすれば、それはそれですごい。

「なりわひ」と「まかなひ」

「人生も社会も、お金がすべてではない」とは、だれもが口にしたい言葉、口にしてきた言葉だ。だが、それは建前で……というのがこれまただれもが口にすることである。伊藤洋志による『ナリワイをつくる』（ちくま文庫）という本ではこの建前が「建前」ではなく「当たり前」だということが、きちんと書いてある。「建前」とは本来、梁や棟など建物の骨組みになるものだからだ。だが、その「当たり前」は、いまの日本社会ではまったくと言っていいほど通用しない。

人びとが生計を立てるため、他の人たちとともに生き延びるためになすさまざまな活動が、「労働」として一括りにされていることが、その一つだ。働く人が抽象的な「労働力」として労働市場で選別され、売り買いされるものになっているということ、これも異様だが、それとおなじくらい異様なのは、「勤労」である。「勤労」とは、一日の大半を生活の場所から離れた地域で働き、それで収入を得るということだ。これはまぎれもなく日常的な出稼ぎである。日々の暮らしの場を留守にするこの出稼ぎがしかし、いまや仕事の標準的なかたちになっている。

それに勤め先としての企業は、人びとの協働態としてではなくシステムとして動いている。だから「勤労者」の多くは「用」を足さなくなれば取り替えられる。そこでじぶんが他のだれによっても代替のできない存在だと感じられるとすれば、それは僥倖《ぎょうこう》としか言いようがない。さらにそれと連動して、「勤労」以外の活動が「余暇」のそれとみなされる。たとえば身内を世話し養う家事や、家の普請《ふしん》の手伝い、防災の用意、祭りの準備など地域での活動も、もはや「仕事」とは認められない。

「近代化」という合い言葉を口にしつつ、人びとは「作る」ことの手間を省いて「作られた」ものを買うほうに暮らしをシフトしていった。家や車はもちろん、日用の道具も料理も、作るのではなく購入するようになった。製造と流通のシステムに「作る」ことのほとんどを託すことで、人は「作る人《ホモ・ファーベル》」から「消費者」へと座を移していった。その結果、暮らしはたしかに便利に、快適になったが、そうしたシステムに漫然とぶら下がっているうち、「作る」という、生きる基本となる能力をひどく損なっていたのだった。東日本大震災のときに、東京という大都会でのパニックにごそっと露出したように。

「勤労」以前の「家業」のような、土地に根を下ろした生業《なりわい》には、専門の技術者たちによる分業のシステムが差し込まれていないので、単一の仕事に従事することはまだふつうのことではなかった。いいかえると、だれもが複数の技《わざ》を身につけていた。仕事の合間に、近所の人に家や備品の修繕を頼むとか、魚を捌《さば》いてもらうとか、さまざまの技術を提供しあうということが、暮らしのふつうの光景としてあった。それぞれにたとえば漬け物作りや酒造り、建築や土木の技術を身につけ、その技を交換しあっていた。見逃してはならないのは、そのことで人びとがおのずから複数のコミュニティに所属することになっていたことだ。

だから勤労とは別の、生活の場所でも、じぶんがここにいる理由、いていい理由、いなければならない理由を見失うということはなかった。

伊藤の『ナリワイをつくる』は、そうした「複業」に仕事の原点を見ようとしている。ナリワイとは「生活の元手を得るための職業」のことだが、それを社会のシステムにぶら下がるかたちで「勤労」としてなすのではなく、したがってまた生活上の「必要」を「購買」や「消費」というかたちで満たすのではなく、じぶんに必要なものをじぶんで工夫してつくってゆくことだ。そういう自給のネットワークを人と人のあいだで技を教え教わりながらじわじわと拡げてゆくことで、「人生を盗まれない」ようにすること。それが伊藤のいうナリワイをつくるという「作戦」であり、じぶんを実験台にした挑戦なのだ。

人生からすっかり乖離した仕事のありよう、「睡眠時間を削って稼いだお金が、睡眠不足のストレスを解消するためにアイスクリーム代に消える」ような無理と倒錯からじぶんをまずは外すこと。そのために伊藤が求めるのが、実践ではなくて「洞察」だというところがおもしろい。

議論はここでぐんと深掘りされる。ナリワイを考えるには、つねづね密かに感じている違和感を大切にすること、つまり「なぜ」よりも「そもそも」を考えることが「おすすめ」だと伊藤は言う。「なぜ、車が売れないのか」と問うよりも「そもそも、車をこんなに売る必要があるのか？」と問うほうが大事、「どうやったら夢のマイホームが手に入るか」ではなくて「そもそも、住宅ローン自体がいらなくないか？」と考えるほうがいいと。そういうふうに「自分なりの眼で解像度を」上げてゆくと、「ナリワイの種」も生活のなかから見えてくる。困ったことがあれば、そこにこそナリワイの種があると考えるべきだというのだ。

これはもうほとんど哲学の実践である。そしてまた、あり合わせの道具と材料を用いてじぶんの手で物を作るという、伝統的な社会では当たり前のようになされてきたあの《ブリコラージュ》（器用仕事）の知恵である。あり合わせの道具と材料でやりくりしながら間に合わせること。これを日本語では「賄い」と呼んできた。「賄い」とは、「限られた範囲内の人手・費用などで、用を達する」ことだが、岩波古語辞典によると、「まかなひ」のマカは「任」とおなじ、ナヒは「おこなひ」の「なひ」とおなじで、「事を相手の性質や意向に合わせて差配し用意する」という意でもあるという。

中心に一人、食べるのが好きな人、料理の好きな人がいると集団はうまくいくとよくいうが、なるほどそれも納得がゆく。ナリワイのわざはどうも、このマカナイのこころに根づいているようだ。

金銭と感情

近くにある洋食堂のご主人が厨房で倒れた。脳梗塞で緊急入院、手足に後遺症が出てついに店を畳む決断をし、下ろしたシャッターの上に閉店を告げる貼り紙をした。

おなじそのシャッターになじみの客が次々と手紙を貼りつけた。「主人も娘も娘のだんなさんも、大好きなお店でした。閉店の貼り紙を見てしばらく、家族みんな落ちこみました」。九〇歳代の夫婦はこんな歌を。「かりそめの出会いとゆうな技ありて町の一角鈍く光りて」。それら一つひとつに、奥さんが「有り難うございます。主人に伝えます」と、感謝の小さな紙片を貼っていた。

じつはこのご主人、ほぼ毎夕通いつめた一人住まいの元教員の留守中の家のお守りや、亡くなったあとの遺品整理にもあたった。じぶんから言うことはなかったが、おおよその事情は常連の客には知れていた。商売の枠をはみ出るこうした心持ちが、回り回って返ってきたのだった。

「金は天下の回り物」という。金は一つ所に留まるものでなく世間を巡るものだから、不遇の人にもいつかは回ってくるという意味だが、ここには二つの含意がある。よき経済のためには金を滞留させてはならないこと、金に恵まれるのもしょせん巡りあわせだということ。

言葉とおなじく、金銭も人を繋ぐもの（媒体）であり、それに載せて人の思いが行き交う。お金にも感情がこもるのだ。お駄賃やおため、香典や盆暮れの付け届けのように。と同時に、心を込めすぎてかえって相手の負担にならないよう、後腐れのないよう、感情を差し引いてあえて儀礼にとどめておくこともある。かくのごとく、お金と感情は微妙なバランスの上にある。が、どんな物もサービスも金で購入する消費社会では、そしてまた金が金を生む金融市場では、金は人びとを繋ぐのではなく、逆に繋がりを失わせるように機能する。

これについて、文化人類学者の松村圭一郎が、『うしろめたさの人類学』（ミシマ社）のなかでエチオピアでの興味深い体験について述べている。

エチオピアでは、人は物乞いにさっと金を渡す。日本人なら金銭による施しに不遜や非情を見てとりそうなところだが、エチオピア人は金銭のやりとりを人情味のない道徳外の関係とは思わない。そういう空気に浸っているうち、松村も「なるべく収支の帳尻をゆるくして、お金が漏れていくように」と、小銭があればすぐに渡すようになった。じぶんが彼らよりも不当に豊かだという「うしろめたさ」、それにできるかぎり「素直に従う」ようになった。救済とか支援とかの理由をつけないで。すると物乞いのほうも「いつももらうのは申し訳ない」と思うのか、笑顔を交わすだけですれ違うことも増えた。

松村は、商品経済のしくみが、「与えずにはいられない」という人の気持ちを抑圧してきたのだと言う。自己の利得を護るために〈契約〉として関係を紡ぐそういうしくみが、経済行為にふくまれる「倫理性」を麻痺させてきた。だから「エチオピアにいると、商品交換のモードに凝り固まった身体がほぐれていく」ような気がすると。

人と人の関係は損得勘定だけで編まれるものではない。勘定を超えて溢れだすものがそこにはある。家事も介護も医療も行政も、経済を基盤としながら、それを溢れだすものとのバランスのなかで維持されてきた。金融市場や株式相場をモデルに「経済」、すなわち「経世済民」(世を治め民を救う)を考える習慣とは、そろそろ手を切ったほうがいい。リベラルという西洋の語がまずは「気前のよさ」を意味することを思い出したほうがいい。

「ものづくり」を考える

京都は観光都市といわれるが、それ以上に、精密機械、測定機器などの先端技術から日々の用具や伝統の工芸品をつくる手工業まで、いわゆる内陸型の工業都市である。京都で生まれ育ったわたしは、身近なところにそうした工場や工房がひしめくようにあったので、逆にこれまであらためて「ものづくり」について考えることはなかった。

「ものづくり」といえば手仕事、手仕事といえば熟練、熟練といえば「匠《たくみ》」の腕……。そのような「わざ」(技と術)を繫ぎ糸としたイメージの連鎖がある。そして「匠」がつくる物については、くり返しに耐え長持ちする(堅牢)、使いやすい(簡便)、無駄がない(正確)などといった特性がまずは問われる。「用」にかなう「形」がぎりぎりまで突きつめられているか、というふうに。

しかし、こうした手仕事がじつは「合作」、つまり「協働」であるという視点から、あらためて「ものづくり」について考えてみたいという気持ちが、このところつのっている。

「ものづくり」といえば、「匠」の一徹、つまり「わざ」の突きつめといった製作者の心持ちについ話が行きがちであるが、「ものづくり」はなにより「合作」である。たとえば、江弘毅の『有次と庖丁』（新潮社）が描いているのはものづくりのそういう横つながりであって、庖丁づくりは料理人の依頼に応えて取りかかる。京都の庖丁屋「有次」は仕入れを堺の打刃物の産地問屋に依頼する。この製造卸の仕事は、鉄を鍛造《たんぞう》する鍛冶屋《かじや》、そこで鍛造した半製品を研ぎ、磨く刃付け屋、それに柄を取り付ける柄屋《えいや》、この三つの職をアレンジして庖丁をつくり、出荷する。そこにあるのは、下請け、孫請けではない〝横請け〟という協力関係である。ちなみに、堺のそうした職人たちのネットワークは、鉄砲づくりにおける鉄の銃身、引き金や火蓋のからくり、木製の銃身に施される象眼や彫金などの装飾などの「合作」の伝統を引きつぐものであるという。

このような「合作」を統《す》べる産地問屋、さらにそれを頼む庖丁屋が応えようとしているのは、いうまでもなく庖丁を使う料理人である。つまり「ものづくり」の「もの」とは大半が道具、つまり使われる物であり、だから当然、使う者への思いが根底にある。ここには、使う人が使いいいようにという思いやりとともに、その人がはたしてどう使い込むか、どう使いこなすか見ものだといった挑発的な思いもきっとあるはずだ。

もう一つ、〝横請け〟する個々の職人には、それぞれ同業の者への思いも強くある。道具をつくるにあたってどれほどその作業を突きつめているかという思い、つまりはおなじ仕事をするにつけ、「いいかげん」「おざなり」と見られるのはどうしても我慢ならないとの思いである。この同業者は同時代のそれだけでなく、未来のそれでもある。数十年後の職人たちに見られても恥ずかしくないものをつくっておきたいという職人の矜持《きょうじ》がここにはある。

石垣をつくる広島のある石工がこう語っていたと、宮本常一は報告している。「あとから来たものが他の家の田の石垣をつくくとき、やっぱり粗末なことはできないものである。まえに仕事に来たものがザツな仕事をしておくと、こちらもついザツな仕事をする。……結局いい仕事をしておけば、それは自分ばかりでなく、あとから来るものもその気持ちをうけついでくれるものだ」（『庶民の発見』講談社学術文庫）。

宮本は、石工のこの言葉に、だれに褒められなくとも命じられなくとも「自らが自らに命令することのできる尊さ」を見た。職人の矜持とは、約《つづ》めればそういうことなのだろう。

「ものづくり」に銘はない。民藝運動を興した柳宗悦《やなぎむねよし》を引けば、「工藝は無銘に活きる」（『民藝四十年』岩波文庫）。ここでは作り手も無名であれば、宛先も無名である。が、無名であるからこそ、その心持ち、その矜持は厳格になる。使用者との「協働」である。使用者と工人とがある仕事に向けてしのぎを削る。そこにあるのは、損得を超えた仕事の突きつめである。使う者と作る者、そして作る者どうしの無言の「信頼」である。売れ行きとか付加価値ばかり斟酌《しんしゃく》する販売／消費の市場の論理ではなく、「協働」の厳しさと歓びである。

シェアという言葉がある。シェアといえばかつては市場での占有率を言ったが、いまはその意味が逆転している。ワークシェアリングやシェアハウスという言葉にあるように、それは今日では、占有ではなく分有・共有を意味する。「ものづくり」における「匠」の内的な矜持は、相互の絆として編まれることなくしては保てない。ここに「匠」ではないわたしたち一人ひとりが育むべき社会性について学ぶべきものがある。

不能の表出――三つの証言

三〇年以上も前のことになろうか、のちに舞踏集団・白虎社のダンサーになる青山美智子さんが、入団希望書にこんなふうに書いていた――

最近自分の体が、とてつもなく萎縮しているのを感じます。東京で生活するようになって特にひどくなったと思うのですが、気がついてみたら二十一歳にもなって自分の体ひとつまともに思うように動かせず、声さえ出せず、まったくのでくのぼうになってしまっているのです。色々なものを恐れたり、いろんなことに迷ったりして、すっかり萎縮してしまって、何一つうまく表現できない自分の体に気がついて、苛立っていたのです。

高度消費社会というものに多くの人たちが浮かれていた時代の証言である。じぶんという存在の《萎縮》、つまり「自分の体ひとつまともに思うように動かせず、声さえ出せず、まったくのでくのぼうになってしまっている」ことの感知は、それからうんと時を経て、別のかたちで多くの人たちに共有された。二〇一一年三月、東日本が大地震に見舞われた直後、「東京」で暮らす人びとは、移動も思うにまかせず、飲料水や食料や電池の確保もかなり困難になって、生活を一から自力で立て直すことすらおぼつかなくなっているじぶんに愕然としたのである。

人は家族や仲間とともに生きのびてゆくために、土を耕して米や豆や野菜を作り、それに使う道具を作り、身につける衣装を作り、物を運ぶ車や船を作り、雨風と夜露をしのぐ家を造ってきた。体を使って何かを作ること、ずっとここに、生きることの基本があった。

が、近代の工業社会は、この「作るヒト《ホモ・ファーベル》」を「買うヒト」に変えてゆく。「作る」手間を省いて、作られたものを「買う」ほうに身を移していったのだ。生活の手立てのほぼすべてを製造と流通のシステムに委ねることで、サービスの購買者もしくは消費者へと、である。

便利である。より快適になった。が、そうしたシステムに漫然とぶら下がっているうち、「作る」という、生業の基本ともいうべき能力を損なってしまった。体を使い何かを作るのではなく、金を使い物とサービスを買うのが、生活の基本となった。そのことで体は自然とのじかのやりとりを免除され、いわば仮死状態に置かれることになった。

震災のような緊急事態になってあらためて思い知らされるのは、わたしたちが調理すること、工作することはおろか、排泄物を処理することも、赤子を取り上げることも、遺体の清拭や埋葬も、みずからの手ではできなくなっているという事実である。

生きものとしてのヒトのいのちが周界とのやりとりのなかにあるかぎり、ここでは他の生きものたちとのじかの交感も免除されていると言ってもいい。免除というよりは解除。東日本大震災時に「東京」で研究生活を送っていた歴史社会学者の山内明美さんは、著書『こども東北学』（イースト・プレス）でこう書く――

放射能汚染の不安が日本社会を覆いはじめたとき、わたしがいちばんはじめに感じた違和感は、いま起きている土と海の汚染が、自分のからだの一部で起こっている、ということを誰も語らないことだった。遠くの災いみたいに話をしている。

宮城県で生まれ育った山内さんは、東北には「ケガチの風土」があると書いている。地元の人たちは「ケガヅ」と言うそうだ。ケ（日常）の暮らしに欠くことのできない食糧が欠けがちであるという意味である。長く冷害や日照り、大雪や津波にくりかえし苦しみ、飢饉の不安に苛まれてきたこの風土にあって、土に雨水がしみ込むことをじぶんの体が「福々しく」膨らむことと感じる、そうした土や海と人とのつながりへの深い思いを、この地の人びとは分かち持ってきた。いいかえると、「土や海が傷ついたなら、それをちゃんと回復してやることが、そこで暮らしをたてていくために、なにより大事なことだった」。そういう人たちであれば、土や海の汚染もわが痛みとして感じたはずだというのである。

あの原発事故による放射能汚染は、その東北という地では、農業や漁業、つまり人と土や穀物・野菜との、人と海や魚とのつながりを断ち、一方、「東京」という地では、人びとに食糧の安全に神経をすり減らさせることになった。その事実に向きあうなかで山内さんは右の文章を綴った。傷つけられた土や海の「痛み」をじぶんの体のそれとして感じられない、その「鈍感」を思い知らされたのだった。「自分のからだが土にも海にも、そしてコメにも、いもにもなりうるという感覚」が「わたしたちには、ない」と。

おなじことはじつは「作る」ことにおいても生じていた。「作る」は「ものづくり」へと純化されて、「創《つく》る」こととして神棚に上げられていった。そう、匠《たくみ》の技として、道具が工芸品や美術品にまつりあげられていった。用いられるはずのものが鑑賞されるものになった。道具は、用いられるものとして、人びとの繋がり、物たちの連なりに根を生やしていたはずなのに。こうして「作る」こともまたわたしたちから遠ざかっていった。

このことは「使う」ことの痩せ細りをも招いた。道具は人がじっくり使いこなすものではなくなり、「使う」はお金を使うことに縮こまっていった。「使う」というのは何かを手段として利用するだけのことではない。人は物だけでなく他の人も使うが、それは簒奪《さんだつ》や搾取ばかりではない。おんぶしてもらったり、凭《もた》れさせてもらったりもする。人びとはたがいのそうした深い依存、深い交感から身をもぎ離して、それらにじかに触れることを怯えるようにさえなっている。ここにも青山さんが感じたあの、じぶんの存在の《萎縮》がある。

言葉こそちがえ、おなじこの違和感に向きあうのが、美術家の鴻池朋子さんだ。彼女は著書『どうぶつのことば』(羽鳥書店)のなかで、震災後、じぶんがこれまで取り組んできた〈芸術〉をもはや「自由」や「自己表現」といった悠長なことばでは語りえなくなったという。〈芸術〉の現在を、知らぬまに仮死状態になっていた〈動物〉としてのじぶんと切り離せなくなったと。そして猟師の世界にふれ、猟師の顔がときに動物のそれに見えることに衝撃を受ける。猟師たちは獲物たちがみずから罠にかかりにやって来てくれたかのように話す。それは「まるでどこかの位相で猟師と動物が事前に連絡を取り合っているかのよう」だったと。

それ以後、動物を絵のなかに寓意的に配して満足していたころのじぶんを見限り、食うか食われるかの〈動物〉の世界にじぶんも〈動物〉としてじかにつながっている、そういう連続のなかにこそ、アートの立ち上がる場所があると思うようになった。「自分は自由とか自己表現とかという根拠のない言葉にうっとりして作品をつくってては絶対ならないと思っていた」彼女は、そのうえでこう書きしるす。

震災以降は、自分から出てくるものさえもすべて怪しいと思えていたし、何事に対しても自分に徹底的に責任を負わせないと気がすまないような焦燥感もあった。しまいには外食で食べるものすべてが柔らかすぎると感じて、嚙み切れないほどの固いものは何処かにないかと飢えてさえいた。

リアルの岩盤はわたしたちの身体の内にある。このリアルは、システムという装置や媒体を介してではなく、自己の身体と他の生きものや人たちのそれらが生身であいまみえ、交感するなかで、時間をかけて形成されるものだ。そう、複数のいのちがぶつかり、きしみあい、相互に調整しあうなかで、リアルは立ち上がる。それを岩盤に社会のリアルも生成する。それが損なわれた……。

鴻池さんは対話の相手になってくれた東北のある博物館職員の語りとして、次のような言葉を引いている——

> もし、これまでの芸術の始まりが「自然界のものを切り離して人間界へ引きずり込む」のであるならば、これからは、その「切り離されたものを縫い合わせ、自然界へ送っていく」、そういう道具の使い方もあるのかなって思うんです。

その道具を道具たらしめる道具のなかの道具として、いいかえると、世界との交換／交感のもっともベーシックな媒体として、わたしたちの身体はある。じっさい、世界に探りを入れるにあたっても、人びとはみずからの身体を物差しとして世界を測ってきた。じぶんの大きさ、小ささを知った。左右に大きく拡げた腕の幅、指先から肘までの長さ、拡げた掌の親指と小指の隔たり。これらを単位に、ものの長さを測ってきた。あるいは、歩数で距離を測ってきた。そしてそれらの物差しを未知の対象にも適用することで、世界の認識を想像的に拡張してきた。

おそらくはこのような生身の身体による探りをなおざりにした結果として、わたしたちの存在の《萎縮》はある。いま、少なからぬ美術家たちが、あの大震災のあと人びとがゼロからもういちど暮らしを立てなおすときに、芸術がそれなしに生きながらえることができないものとして同時に立ち上がるのでなければ、芸術にいったい何の意味があるか、と問いつづけている。それぞれにみずからの生存の《萎縮》を深く問いなおす行為として、ようやっと制作を再開しはじめたように見える。

「食べないと死ぬ」から「食べると死ぬ」へ

丸岡秀子さんの著書『十代に何を食べたか』（平凡社ライブラリー）では、時代のうつりかわりが逆になっている。頁を追って、時代を遡ってゆく。世代を遡ってゆけばゆくほど、色濃くなってくるものが二つある。〈食〉をつうじての周囲の生きものとのつきあい、というか、いのちを「戴く」「奪う」というかたちでの環境とのぎりぎりの交渉。それとともに、〈食〉を囲む家族の像が鮮明になってくる。食へのいとしみがだんだん深まる。食材の記憶がぐんぐん細かくなる。

たとえば、おむすび。火と水と米と塩。自然の、そんな「清らかな」エレメント（元素）を手でこねるだけで生まれる「味」のミニマム。が、それは深い。からだのど真ん中を貫通している。豆を、煮干しを、「蛋白源」として、「滋養」としてたいせつにした時代。「恵み」という言葉が身に沁みた時代。「恵み」は「貧」と隣りあっているからこそ厚かった。

そこにはもちろん、「口べらし」という言葉に秘められた残酷があった。けれども、豊かな野性もあった。野性は皮肉にも、「飽食」よりも、人の協働を求める。それがまぎれもなく「貧」ということなのだが、しかし、その「貧」のゆえに人はからだをすりよせて生きた。いのちをつなぐため、〈食〉は家族総動員の作業であった。飯炊きに、給仕に、子どもたちも参加した。手が足りなかったからだ。食べるということはそれほど大変なことだった。

頁を繰っていると、昔ほど、「食べさせる」という語が多いことに気づく。昔の母親は、子どもに食べさせるため、いろいろ工夫した。そこにはきちんとした技があった。技があるところ、そこには、伝えるもの、伝えなければならないものが明確にあった。なんとしても死なせるわけにはゆかなかったから。

柳田國男の言葉を借りれば、人びとはとことん貧しくはあったが、その「貧」は孤立していなかった。「貧」という事実に人びとは共同であたった。「孤立貧」ではなく、「共同貧」。いまどきの不幸の孤立と比べれば、それが「貧」のなかの「恵み」であった。が、共同の生のかたちのなかには、「差」もまたはっきり差し込んでくる。弁当の中身を絶対に見せない同級の子、使用人へのうしろめたさを感じることなしに食べることのできないお嬢ちゃん……。食べることじたいに、せつなさ、やるせなさ、くやしさ、うしろめたさがつきまとった。

考えてみればあたりまえのことだ。〈食〉は口のいとなみだからだ。人間以外の動物もまた口にいのちがかかっている。しかし、ヒトの口には、それよりはるかに厚くて重い「幸不幸」が集中している。食べること、飲むこと、呼吸すること。これはもちろんだが、ある意味でそれよりもっと大事なこと、人と話すこと、想いを表わすこと、泣くこと、笑うこと、歌うこと、呻くこと、これらがみな口にになわれる。いやいや、もっと痛切なこと、舐めたり、嚙んだり、弄んだりといった愛撫と愛玩、つまりは他の身体とのコミュニケーションもまた口によってになわれる。これらのどの一つを欠いても、人は不幸になる。逆にこれらのすべてが満たされれば、人は幸福の絶頂に浸れる。

食材が豊富になったはずの戦後の〈食〉も、なのに貧しかった。貧しさの意味が変わった。この本のなかで、初老を迎えつつある人たちがだれもかれも恨めしくおもっているのは、給食の思い出だ。とにかく給食への恨み辛みがめだつ。なんといっても、バターをとったあとの牛乳を粉末にした脱脂粉乳の、しかも生温いの。たまに匂い消しにチョコレートの粉末を散らせることもあったようにおもうが、とにかく鼻を摘まずには飲めなかった。こぼれないように食器にパン皿で蓋をして、そうっと持って帰った。安い野菜にあんをまぶした和え物。これがどうしても呑み込めない。が、教師はわたしがそれを食べきるまで、前に座り、席を立つのを頑として認めなかった。〈食〉が支配—従属という関係のなかに組み込まれるのは、飼い犬とおなじだ。それが「栄養」という科学の名で強いられた。そういう恨みがのちの「大学解体」の狼煙《のろし》にまでつながらなかったとだれが言えようか。

やがて飽食の時代がくる。与謝野文子の言葉を借りて言うと、「食べないと死ぬ」時代から「食べると死ぬ」時代への移りゆきだ。ハンバーガー、カップ麵からコンビニ弁当へ。これがグルメ・ブームと並行したのは、ファッションにおいて海外高級ブランドと「ユニクロ」が並行したのと、軌を一にしている。

かつて味わいとは自由の根拠であった。「吟味」という行為が封印されるのは、飢饉や迫害や強制収容によって直面させられる飢えのなかでであり、そこでは〈食〉はただの「喰う」という、野生動物の行動に還元される。そこでは文化というものが根こそぎ扼殺される。「吟味」しつつ関係するという、世界への距離のみならず、他者への配慮もまた奪い取られる。人の尊厳というものが消される。

それとおなじことが、飢えの対極にある飽食においても生じる。食事は、一方ではメディアがばらまく（グルメとダイエットをめぐる）情報のとくとくとした確認になり、他方ではすばやく「済ます」だけのものとなる。口に「幸不幸」のすべてが現われると先に述べたが、口はもはや人間的な意味の凝集する場所ではなくなっているのかもしれない。「食べる」ためにはだれかが作らねばならないが、その過程がシステムに委ねられて、作る人の面影も見えなくなっている。だから、〈食〉に痛切な記憶がこもることはもうないのかもしれない。この本のなかでどなたかが書いておられた「食と農と医の絆」も、あるいはかつて霜山徳爾が『人間の限界』（岩波新書）のなかで引いた料理職人の、「ものの味わいの判る人は人情も判るのではないかと思いやすす」という言葉も、もう霞のなかにある。〈食〉の語りから厚さが消え失せた。

きっと、飢えの所在が変わったのだろう。〈食〉という、いまなお人の命運を握っているはずのものとは異なった場所で、人はもっとひどい飢えにさらされているのだろう。飢えが〈食〉と切り離された場所でより痛切なものになっているということ、これが〈食〉の現在について語れるぎりぎりのことであるとしたら、飽食とダイエットの時代ほど〈食〉が貧しくなったときはない、と認めざるをえない。舌がふやけるほどの「ご馳走」の味も、やがて洗い流されてゆく。「オイシー」という記号のような言葉はあっても、唸るような地声は、もう、聞こえない。痛い。

眠り姫になれなくて

生きるというのはなんと難儀なことなのだろうかと思わせられることがある。人の寝姿を思い浮かべて、である。眠るとは、意識を、そして身体を休ませることであるはずなのに、人は夜が白むまで寝つけなかったり、眠っていても身をがちがちにこわばらせたり、震えさせたりしている。呻き声をあげたり、手足をばたばたさせたりしている。眠っているときまで、人は何かに抗い、足掻《あが》いている。

きっかけは、「結んで開いて」という童子の遊戯のことだったか、あるいはこころに障害を抱えた子どもさんが地べたを這うときに、掌を開くことができず拳骨のまま床に手をつけるという話だったか、よくは憶えていない。わたしは、物にふれるというのは、掌で愛撫するかのように注意深くそれをまさぐることだと、ある霊長類学者の前で主張した。

その霊長類学者、山際寿一さんは、ゴリラは物や他の生き物にふれるとき、掌ではなく手の甲でさわりますよ、と教えてくれた。

そのとき霊感のように降り落ちてきたのは、人の生存にとって決定的な意味をもつ〈内〉と〈外〉の区別は、皮膚の内／外ではないということだった。人は身を丸めたり広げたりする。その構え、その丸まった姿の背の側が外、腹の側が内ということではないか。そう考えると、人の文化と動物の習性との違いがよくわかる。

人以外の動物にとって、外界はつねに不審なものである。かんたんに身をあずけることのできないものである。だから、それらの前では身を閉じる。性を交えるときも、他者を探るときも、相手に差しだすのは背であり、甲である。

これに対して人は、性を交えるとき、腹を合わす。他者と接するときも、抱擁や握手というかたちで胸と胸を、掌と掌を密着させる。相手に向かって、〈内〉、つまり弱いほうを無防備に差しだす。いってみれば、「信頼」という文化を人類は生みだしたのである。

眠るときにも、人はしばしば〈内〉を外に向けてさらす。寝間着をはだけて眠る、大の字になって眠る。そう、安心しきって眠り惚《ほう》けるのだ。このとき、〈内〉を護る構えがほどかれている。というのは、内と外の仕切りが「わたし」の外にあるからである。それは、他人が介入してこない家族という親密な関係であり、外敵が侵入してこない住まいという親密な空間である。そういう囲いがあるとき、人は〈内〉をはだけて眠ることができる。

けれども、意識をいくら休めても、意識をこわばらせていた強迫観念が眠ってくれないことがある。反対に、意識を緩めたとたん、これまでかろうじて抑え込んできたさらに内なる欲望や渇きがすきまから噴きだすこともある。それを予知し、抑え込もう、逸《そ》らそうとして、歪《いびつ》な夢へと変形してしまうことで、無意識裡《り》にそれと折り合いをつけもする。そんなとき、わたしたちの寝姿は丸まっている。何かに怯えるかのように、身体が痙攣し、滝のような汗を流してもいる。眠っているときにも、人は足掻いている。人には、外部からだけでなく内部のさらに内部から襲うものがあるようだ。

ひるがえって考えてみるに、覚醒している意識もじつはある意味で眠っている。

外界から押し寄せてくる膨大な感覚情報に対して網をかけ、それに引っかかるものだけをスクリーニングする装置として。外界からの情報として意識されるものはこのことで限定されるが、人が潜在的にさらされている情報は情報としては知られないままである。人が何かに集中すればするほど、その閾《いき》に上らない情報に対して無防備になるというのもそのためである。覚醒すればするほど無防備になるということの逆説。催眠術はそれを巧みに用いて人を眠らせ、操る。

何かを眠らせるその装置じたいが眠り込んだとき、こんどは眠らされていたものが起こされる。いずれにせよ、生きるということは足掻くことであるらしい。まとめきれないものをまとめることに汗をかく、それが人の生というもののようだ。

祭りの季節に

夏祭りの盛りである。長い歴史をもつ祭りほどこの時季に集中している。それもけっこう大がかりなものが多く、町をあげて本業そっちのけで準備に当たる。

ある祭りで責任者になっている知人に、なぜそれほど負担の重い行事を続けるのかと訊くと、こんな答えが返ってきた。「俺の代で止めたら後で何言われるかわからん」というのである。あまり合理的とはおもえない答えであった。

京都の旧家を何百年と守ってきた別の知人におなじような質問をすると、「失くしたらご先祖様の罰が当たる」と、これまたよく似たことを言う。

なぜ継ぐのか、続けるのか。理由はわからない。しないと罰が当たる。とどのつまりは、しなければならないからするのだという、奇妙な理屈だ。

そんな理由で納得がいっているのだとすれば、この「べし」(当為)は、おそらく、生きるため、生き延びるためにどうしてもしなければならないことに由来するとしか考えられない。人は食わずには生きてゆけない。人が食うのは別の生き物である。動物なら狩猟し、植物なら採集のみならず栽培もしなければならないが、それらはいずれも一人でできない仕事だ。食うためにはみなで協同しなければならない。作業を分担しなければならない。そうでなければ飢えてしまう。たぶん、この分業、この役割分担のシミュレーションとして、祭りというものがある。祭事、神事の起源がこれで尽くされるとはおもわれないが、これを外しては考えられないとおもう。

祭りは、義務と愉楽が一体になったもの、つまりは「しなければならない遊び」とでもいうべきものだ。遊びというと、しばしば労働に対置される。オンに対するオフというわけである。けれども遊びは、それこそ遊び半分ですれば、腑抜けたものになる。夢中というよりも必死にならねば、面白くもなんともない。

遊びを意味する語は、西欧語では、英語ならplay、仏語ならjeu、独語ならspielen、いずれも遊びから競技、演奏、演技、賭け事までを包括する言葉である。そしていうまでもなく、競技から賭け事まで、それこそ命を張って、あるいは身を削って事に当たるものであり、さらにそれまでに厳しい鍛錬を要するものである。それらはぞくっとするほど深い愉楽をわたしたちに与えてくれるのだが、そのためにもすさまじいほどの修練が求められる。

遊びから競技、演奏、演技、賭け事まで、プレーに共通するのは、ある虚構性を前提としてなされる行為だということである。つまり、一定のルールを設定し、その共通了解のもとでなされる行為。だからそれは、じつは、社会のさまざまな制度や仕組みのなかで生活しているわたしたちの日々の行為の原型でもある。だからこそ、「人生は舞台だ」とか「人生はゲームだ」とか言われ、社会的行為も演劇やゲームになぞらえてきたのである。

そこであらためてプレーの語源を調べてみると、元はアングロサクソン語で、それには近代人のいうプレーとともに、手を「叩く」という意味があったらしい。囃《はや》し立て、あるいは拍手や喝采である。遊びにはオーディエンス(観客)の存在が不可欠というわけなのだろう。観客の評価がそこでは死活の意味をもつ。だからなんとしても負けまいと必死になるのだろう。

この「必死」なしにわたしたちの暮らしは成り立つはずがないのだが、それが実感できる場面が現代の都市生活には乏しい。医療から介護、次世代育成までまさに人びとの死活にかかわることが、サービス業者から業務として提供され、わたしたちは料金を支払ってそれを買う、つまり消費の対象としてきたからである。

死活にかかわることが消費の対象となること、このことが、無理にかかわらなくても生きてゆけるというスタンス、あるいは、うまくゆかなくてもいつでもリセットできるという感覚を、人の生活感情の淵に淀ませてきたのではないだろうか。

そう考えてみると、抜けるわけにはいかない、下りることは許されないという、祭りに深く浸透している感覚も、教えとして故なきものでないとわかる。

そういえば、音楽教育の現場でも、こんなふうに言い継がれているという。「レッスン一〇〇回受けるよりも一回のステージ」。

声の不在のなかで

プリントした写真からは、音が、声が伝わってこない。振ったときのぺらぺら、丸めたときのくしゃくしゃという音で、ときにざわめくだけである。写されたものに触れようにも、つるつるの紙の表面でしかない。そしてそれじたい、まぎれもない物質として、やがて色褪せてゆく、ひび割れてゆく……。

まぎれもない物質でありながら、そこに「映る」実体のない幽霊のような〈像〉としての存在に、十九世紀、はじめて写真を手にした人たちは仰天したはずである。はずである、というのは、写真の経験が現在のわたしたちにあまりに深く浸潤していて、写真の経験を知らずにいた「主体」の感覚をもはや再生しようがないからである。

見えているのに音がともなわない光景、それは真空の世界である。撮られた世界、そこに音が不在であることでいったい何が断ち切られるのか。

離人症という困難が、外界の風景が写真のように見えるという経験によって語られることがある。写真の存在がそういう、現実性喪失の象徴のように語られるのは、そこに現実性を支えるさまざまな感覚の交差路が毀損されているからである。リアルの係数が壊れていると感じられるからである。

感覚の交差が封じられたとき、どんなことが起こるのか。一つの身近な例をあげてみよう。卓上電話を受けたとき、人はなんとなく手持ちぶさたになって、手元のメモ用紙に意味のないいたずら書きをはじめる。意味のない単純な図形であることが多いようだが、長電話になるとそれがやがてどんどん増殖してゆく。筆圧もだんだん強くなり、最後は用紙一面変な図で埋まる……。

電話しているときは聴覚神経が研ぎ澄まされる。このようにある限られた感覚だけが急激に加熱されると、他の諸感覚が相対的に冷却された分を埋め合わせるかのようにもぞもぞ蠢《うごめ》きだす。感覚刺激のあいだの不均衡が強烈ではなはだしいと、一種の麻痺状態に陥った感覚が、それまでの平衡状態をなんとか回復しようとして、ある種の埋め合わせを対抗的におこないはじめる。それがさきほどの描図であろう。その埋め合わせが勢いあまって、幻覚を形成することもあるという。

このことが、写真をじっと見ているときにも起こっている。音の不在が、聴覚の急激な加熱を招き寄せるというようなことが。しかも、カラー写真とくらべ感覚情報がより絞り込まれたモノクロ写真のほうが、音の喚《よ》び込みは、逆比例していっそう強まるようにおもう。

それにしてもそこに喚び込まれるのはどういう音なのだろう。そこにある顔の画像を見て、ふとその人の声が音ならぬ音で甦るということもあるだろう。「わたしを聴いてください、わたしにふれてください」というような。あるいは、懐かしい公園の写真を見て、枝のそよぎ、鳥のさえずりの音が甦ってくることがあるかもしれない。けれどもふつうは、そんな人や物の声音が画像を裏打ちするかのように響いてくるということはあまり起こらない。幻聴が、欠損した音の、聴覚による過剰な埋め合わせによるとすれば、ここで起こっているのはむしろ埋め合わせの過少、あるいは兆しといったものである。おそらく。主体の散乱？　あるいは、「綜合」が解除されてばらばらに散乱した感覚が交差路を索《もと》めてうろうろしている状態と言ってもいいだろうか。

二〇〇九年に亡くなった哲学者の坂部恵さんは、晩年、「失読症」を患われていた。じぶんがいまさっき書いた文字も読めないので、当然書くこともできなくなる。ありふれた動詞を取り違える、時間のスケールが狂う、音楽を聴いても和声が壊れる……。そんな症状について語られたあと、この症状はじつはもっと大きな欠損を埋めるためにこそ生じているのかもしれないとつぶやかれた。「もっと大きな欠損を埋めるために」？　写真という存在も、おなじように、より深い音次元を取り戻すための感覚削除としてあると、坂部さんのこの話から考えてみたくなる。

感覚の「綜合」が機械によってすでに演出されている動画映像においても、じつは見えているものそのものが音を立てているわけではない。横のスピーカーから音が画像に同調するかたちで再生されているだけである。それがまるで現実の光景であるかのように感じられるのは、音源が映像に近接しているから、音響システムが異なる感覚媒体を統合しているからにほかならない。だからそこにはいつも、現実の光景であるかのような感覚の余剰（「余情」と書くべきか）が残る。それはわたし自身の音響的な皮膚においてざわめいているのではない。

たわむれに視覚と聴覚の媒体をたがいに遠ざけたとき、まるで文楽のような空間が現われる。文楽では、義太夫の、喉というよりも臓腑のあいだをぬって絞りだされてくる声、その声を、その横で破き、つんざく撥《バチ》の音、そして舞台中央の人形の所作《しょさ》、さらにそれを操る人形遣いの人たちの動き、それらがばらばらの所から湧きたっている。人形が振る舞うその場所から離れたところでその呻きが、その忍び泣きが、聞こえる。呻く主体、忍び泣く主体の、その身体があるのとは違う場所から声が立ってくる……。これは近代演劇では考えられない設《しつら》えである。

その設えのなかで、わたしはある日、吉田簑助さんの舞台を至近距離で見たことがある。至近距離なのに、息づかいがほとんど伝わってこない。観客の囁きや衣擦《きぬず》れの音はざわざわ耳に入ってくるのに、簑助さんという主遣いと人形、そして左手遣い、足遣いの方とがこぞって動かれるあたりは、無音の空間をなしていた。それはちょうど、写真を見ているときに音がそこから消え、写真のあるその場所が真空になったような感覚だった。

もう千回以上も演じたはずの「曾根崎心中」。あるときその天神森の段で、簑助さんがお初の人形を遣いながらぽろぽろと涙を流したという話を聞いたことがある。それは簑助さんの涙というより、あるいは人形の代わりというより、浄瑠璃によって編みなおされた空間そのものが流す涙だったのではないかとおもう。だれの感情でもない、空間そのものがちりちり痛んでいるのだ、と。そこには、操る人、謡う人、観る人がともにいる空間に、一つの琴線が張られているような感覚が溶け込んでいた。まるで空間そのものがある〈情〉に打ち震えているかのような……。

　義太夫の声に代わるもの、人形遣いの涙にあたるもの、はたしてそのようなものが写真にあるのだろうか。

　ミケル・デュフレンヌは、言葉は〈意味〉と〈声〉の回転扉のようなもので、text（意味）と texture（肌理《きめ》）からなると述べる。言葉にふれて、〈意味〉をつかみ、〈声〉を聴く。だからたとえば人の話を聴くときには、話を聴きそびれることがあるように、声の肌理を聴きそびれることがある。「きちんと聴いてくれない」とこぼすとき、人はかならずしもじぶんの言いたいことが理解してもらえないという意味で言っているとはかぎらないのだ。

　だからこそ、患者とおしゃべりするばかりで、解釈をあえてしないという治療法があるのだろう。言葉の〈意味〉ではなくて、それを解除し、声の肌理をすりあわせ、撫であうような会話である。ふとここで、幼い恋人たちがたがいの皮膚を突きあい、押しつけあい、撫であう、あのいちゃつきのような遊戯を思い出す。〈意味〉の外へ？〈意味〉の前へ？

ディディエ・アンジューは、胎児にとって母胎は、声の雨に、あるいは血流の轟音に、母体のなかのさまざまな反響や共鳴に満ちあふれた空間であるという。人は鏡像によってじぶんの可視的な姿を知るよりもはるかに古く、じぶんを反射させる鏡としての「音響的皮膚」をもっているのだという。そしてこの「音響的皮膚」に欠損が生じると、のちにその上に重ね合わされてゆくはずの、視覚空間、触覚空間、運動空間、書記的空間など一連の空間の発達に障害が出てくる、と。

メルロ＝ポンティにならって〈肉〉とでも呼びたいこの始源的な「音響的皮膚」は、声が拠って出てくる場所であるともいえる。音の不在によってわたしたちが誘引されてゆくのは、まさにそういう場所なのではないか。それは、わたしたちがそれによって在るかぎり、わたしたちが知らないわたし自身の「皮膚」なのであり、だからこそ過小な幻聴とでもいうべき気配として、間接にしか聞こえないものなのであろう。写真という媒体を手がかりとして。

義太夫の声はもちろんテクストの声ではある。だからそこにはリズムや抑揚、つまりは節がある。けれどもそれは、〈声〉、つまりからだが立てる音でもある。そして、義太夫において、謡うことより先に、歌うこと、それが言い過ぎなら呻くことがあったのではないかとおもうのだ。〈絵〉、つまり洞窟に人類が最初に刻んだ疵とおなじく、〈歌〉もまた、まずは、ふつうそう考えられているように、他者に宛てられたメッセージではなかったのではないか、と。

言葉は、じぶんと同位の者たちにではなく、まずはじぶんたちを超えたものに捧げられた。じぶんたちの思いどおりにならない超越的な存在、それに憑かれ、それに弄ばれている人びとが、身もだえし、喉元を震わせつつ立てる音、それが元始の言葉ではなかったのかとおもうのである。祝詞《のりと》もその一つ、言寿《ことほ》ぐこととして、あるいは神への祈願、感謝、称賛として歌いだされたはずである。そのようなわたしたちのなかの言葉よりも古い〈声〉、が、いまだ言葉へと結晶しない〈声〉、それらが反響する空間へと、写真を見るときわたしたちはふと誘われているのではないかとおもうのである。

深すぎた溝を越えて

思考も記憶も感情も、言葉という繊維で紡がれ、編まれる。言葉のなかで、人の思いはある象《かたど》りを得る。そのとき言葉はいつも特定の言語としてある。そのことに人は人生のある段階ではじめて気がつく。じぶんがこれまで話してきたのとは違う言語があることに。そしてじぶんが話しているのはその一つ、「母語」と呼ばれる言語であることに。

では、「母語」でしか語れない「私たち」は、別の言語をこころの繊維とする人たちとは通じえないのだろうか。わかりあえないのだろうか。日常のちょっとしたふるまいであれば、言葉がなくても通じることは多い。しかし揺れ動くこころのその襞《ひだ》にまで理解の触手を伸ばそうとすれば、翻訳という作業を間にはさまざるをえない。翻訳とは、異なる言語表現をじぶんの理解できる言葉に移し換えることである。

物の世界、人が創った制度についてなら、それなりの翻訳は可能だろう。が、人の思いの綾《あや》、あるいは肌理となると、母語ですらうまく摑めないほどに微妙なところがあって、ましてや異語によって表現されたそれらは正確な翻訳が困難だ。

そのとき、そもそも何をもって正しく移し換えていると言えるのかの根拠があやしくなる。翻訳の言葉はあくまで「私たち」の言葉だからである。「私たち」のなす翻訳が、ほんとうに他者たちの思いの正確な写しであるのかを判断する術をもっていないからだ。他者の思いの綾や肌理として想定されるものも、結局は「私たち」の言葉で想像可能なそれにすぎない。他なるものを理解するとは、それを「わがものとする」ということ、いってみれば「横領」(appropriation)である。「しる」という語が「知る」であるとともに「領る」でもあるように。この限界を人はついに越えられない。

　しかし、あらためて考えてみれば、「私たち」の母語ですら、なにか確定したものとは言いがたい。「かなし」という語の意味一つ取っても、歴史のなかで意味をどんどんずらせてきた。そしてこのずれがそれとの関係でずれであるところのものをピュアなかたちで取り出すことはできない。言葉が写しているものごとそのものも言葉で表わすほかないからだ。それもまたずれの生成のなかにある。だから、言語には「本来の意味」などというものはありえないのだろう。詩作や翻訳においてちょっと歪な言葉の使い方をするなかでも、母語という繊維は変容してゆく。

　母語は親しいものではあるが、母語だから正確であるとは言えない理由がここにある。母語が歪な用法を強いられることで翻訳が母語以上に何ごとかを言い当てる可能性もまた、あくまで翻訳の過程で生まれるのである。

　斉藤道雄さんの『手話を生きる』（みすず書房）を読んだ。斉藤さんは、かつてTVディレクターとして手話の世界を取材するなかで、「ろう文化」の世界が異国にではなく「私たち」のすぐそばにあり、しかもそれが「私たち」にはきわめて見えにくい、ということはきわめて根の深い抑圧の構造をともなうものでありつづけてきたことを知った。そしていまは手話によるろう教育の現場を担う立場にいる。

「日本手話」はろう者の自然言語であること。そして、聴者がろう者とコミュニケートするための手段として考案された「日本語対応手話」はその本質において日本語であり、「日本手話」という自然言語とは決定的に異なることを、迂闊にもわたしはこれまでよく理解していなかった。そのような迂闊を慮《おもんぱか》ってか、斉藤さんはこう書き足してくれている。日本手話を母語とするろう者が日本語対応手話の話者と話すときに、ろう者は、私たち日本語を母語とする者が「日本語が不確かな外国人と会話している」ときとおなじことを感じていると。

「ろう文化宣言」(市田泰弘)によれば、「ろう者とは、日本手話という、日本語とは異なる言語を話す、言語的少数者である」。手話は独自の複雑な言語構造をもち、その言語コミュニティは独自の文化をもつ。言語能力は幼児期における教育に決定的な影響を受けるが、そのろう教育が聴者のほうから構築されてきたこと、いわばその〝植民地化〟の歴史を、それによってろう者のコミュニティが分裂させられざるをえなかった理由をも含めて、斉藤さんはこの本で仔細に報告する。それを、それこそ内臓を抉るような重い論述がつないでゆく。そして「ろう文化」救出のための関係者の長い足どりを考察したうえで、それを一筋の確かな光へとつないでゆく。

それは、ろう者と非ろう者とが出会いなおす道であり、それぞれに本質的限界をもった手話と音声語とが持続的に接触しあうなかでそれぞれの可能性を更新してゆく道だ。その道を遠望する斉藤さんの眼はしかし、とても慎重である。たとえば、手話が視覚情報で編まれているがゆえに音声語よりも豊かな描写力を備えているのに対し、音声語は単調で抽象的であるがゆえに逆に時空を越えた意味の広がりをもちうる。そのように対比してみると、「映像はイメージを広げるようでいて、逆に私たちの想像力を縛りつけているのかもしれない」というふうに。

これは、音声語を母語としそこから別の音声語を外国語として習得するのとはちがって、手話を母語としそこから第二言語を習得するときの「格段の困難」を知る人だからこその言葉であろう。が、この困難な道こそ、私たちが先に述べた、翻訳が母語以上に何ごとかを言い当てる可能性にもつながるものであろう。

III

〈始まり〉に還る芸術《アート》

ブリコラージュの自由

秋といえば大学では学園祭の季節。芸術系の大学は力の入れようが半端でなく、わたしがいまいる京都市立芸術大学でも、本番は一一月なのに夏休み前の七月にはもう準備にとりかかっている。夏休みにこつこつと作業を進めるために。

その作業はまず祭りのメイン・ステージの制作から始まる。次に玄関口の大きなオブジェの制作。ことし（二〇一七年）のテーマは「弾丸はチョコレイト」だから、巨大な木製の大砲がいま姿を現わしつつある。ちなみに昨年は「地獄の門」、一昨年は「巨大ミシン」だった。この二つの核ができれば、あとは露店の建設にかかるだけだ。

資材は代々受け継がれている。資材はそれぞれに番号が振られていて、倉庫にきちんと収蔵されている。主宰者の二回生から作業を受け継ぐのは一回生。三回生以上はお目付役。

こんなに組織立って祭りが伝承されているのに、にもかかわらずそこに底知れぬ《自由》がくっきりと現前しているように感じるのはなぜか。

一つには、《自治》が貫徹されていること。学生たちは日頃からキャンパス内の造作を勝手に更新している。守衛室の外壁をある日、黄色に塗り替えたり、勝手に貸本や集会用の小屋をおっ建てたり、トイレを魔法の家のように造り替えたり。それらをするにあたって守衛員さんの了解を得、事務局を説得もしている。じぶんたちの場所をじぶんたちで設《しつら》えるべく、その交渉を管理者とぬかりなくこなす。しかも永久保存という名の放置ではなく、さらに更新すべくいったん撤去する作業のすばやいこと。事務局がその妥当性を侃々諤々《かんかんがくがく》検討している間に、撤去作業は済んでいる。まるでゲリラである。

いま一つには、作業が《ブリコラージュ》(bricolage) としてなされていることと。レヴィ＝ストロースが『野生の思考』(みすず書房) で提示したこの概念は、「器用仕事」とも「工夫仕事」とも訳されるが、要はありあわせのもの、持ち合わせのもので、当座の用を足すという知恵とわざである。予算が限られていることもあろうが、それ以上に、芸術大学生としての手仕事の「腕」を見せるチャンスとして、芸大祭という場をとらえている。

《ブリコラージュ》とは、「ありあわせの道具材料を用いて自分の手でものを作る」こと。いってみればレシピに従って材料を買い揃え、調理するのではなく、とりあえず冷蔵庫にある材料でなんとか工夫してお総菜を作るようなもの。要は、限られた手持ちのものや使い古しのもの、もはや不要となったがらくたを、別の目的ないしは用途に流用すること、使い回すことを意味する。

そのためには、手もとにある限られた雑多なものを「何に使えるか」と調べ上げることとともに、「いつか何かの役に立つかもしれない」（Ça peut toujours servir）ものとして取っておく、そんな直感的な判断が必要となる。

これはじつは大震災のような非常時に、とりあえず生きながらえるために人がすぐ必要とするものでもある。水を堰《せ》き止めるにも、雨風をしのぐにも、とにもかくにも何かを腹に入れるにも、明かりを手に入れるにも、寝る場所を確保するにも、使えるものは何であれ使う。これが生存の技法というものである。

じっさい被災地に駆けつけた芸術家の「卵」たちは、そういうかたちで人びとの生活を支援した。瓦礫の片付けも手伝った。ただそのとき、瓦礫を入れた袋を運んだときも、ただ積むだけではなく、それをピラミッドにしたり、それで動物をかたどったりして、積み上げた。そのことで被災地の人たちの面持ちを一瞬、ゆるめた。

被災のあの悲しみと混乱のただなかで、そんなことをした、あるいはできたのも、ここで人びとがゼロからもういちど暮らしを立てなおすときに、芸術が、それなしに生きながらえることができないものとしてともに立ち上がるのでなければ、芸術にいったい何の意味があるのかという、切実な問いに向きあわされていたからであろう。その意味では、芸術の存立にかかわるおなじ問いを、芸大祭に取り組む学生たちもおなじように抱え込んでいたといえるのではないか。

手持ちの材料をこれまでとは別なふうに組み合わせ、別の新しい用途に使うということ。それはじつは人びとの関係についてもいえる。ともにここ
いる人たちを、別なふうに結び合わせる、つまりおなじ人たちの結びつきをこれまでにはなかったようなネットワークに編みなおすということである。こんなつながりもあるんじゃない、こんな関係のほうがすてきじゃない、と声を上げる。そして手を差し出す。《自由》はここで、他人にいちいちかまわれない、そんな拘束からの脱出ではなくて、じぶんたちの生存のコンテクストをじぶんたちの手でつくってゆく、そのような運動を意味するのだろう。

そうだとすると、芸術は、既成のレシピやマニュアルから解き放たれるにとどまらず、「じぶん」から離れる技術をも意味することになる。物との関係、他の人たちとの関係が変わるということは、とりもなおさず「じぶん」が変わるということでもあるのだから。

生存の別の可能性、つまりは「別の世界」(autre monde)、あるいは「生活を変える」(changer la vie)。かつてシュルレアリストたちが合い言葉のように口にしたこのフレーズをいまに言い換えるなら、たぶん、絵本作家の荒井良二さんが『ぼくの絵本じゃあにぃ』(NHK出版)のなかに書きつけたこんなフレーズになるのでは

ないかとおもう——
《ものをつくる人には、人が気づかないようなところを掘り下げる役割がある。》

哲学はアートとともに？

十数年前のこと、大阪大学の哲学教員だったわたしは、演習の一つを二人のアーティストと共同で開いた。行き着く先もよく見えないまままず試みたのは、学生たちをとまどわせる次のような作業であった。

二人の学生が卓球台のようなテーブルの両端に立って言葉ではなくテーブルを叩く音で何かを伝えあう。連歌やしりとり歌のように話のバトンレースをする。路上で見ず知らずの人にインタビューし、別の一人がそれを映像に撮る。あるいは登校するまでの道で気になったものを撮ってくる。そしてそれらを見ながらみなで感想を言いあう……。約《つづ》めていえば、あらかじめ共有するものをもたない人とのコミュニケーションの練習である。

当時、哲学の仕事を文献学的な考証に限るのではなく、社会のさまざまな現場でしかと使えるものにする、そんな《臨床哲学》に取り組んでいたわたしには、アーティストの助けがどうしても必要だった。

ちなみにここでいう「現場」は、日本語として独特のリアリティをもちながら、いざきちっと概念化しようとするとなかなかに難しいものだ。英語にも適訳がない。とりあえずいえば、無事に生きるために誰かがかならず作業しなければならない場所、降りたくても降りることが許されない場所、予測不可能なことが次々と起こる場所である。

では現場に臨んで「哲学する」のになぜアーティストとの協働が必要だったのか。

哲学はこれまでしゃべりすぎてきた。言葉とそれによって紡がれる論理に注力しすぎてきた。これに対して、現場に臨むとは、感覚を総動員してそこに身を晒すということだ。それこそ「哲学する」ことの前提であり、そうでなければ事態をまるごと受けとめることはできない……。そんな思いがわたしには強くあった。

炭鉱では、カナリアの入った鳥籠を先頭に掲げて入坑すると聞いたことがある。異臭に、あるいはノイズに、ヒトよりうんと敏感だからだ。人びとがアーティストに期待しているのもそういうものではないか。環境の、社会の、微かな異変、あるいはその徴候に、濃《こま》やかに感応する。感じやすいとは傷つきやすいということ。傷つきやすいというのは、人びとの圧し殺された声、いまにも途切れそうな、消え入りそうな小さな声が聞こえるということでもある。ひょっとすればそれは「イヤだ、イヤだ」といった子どもの駄々にも近いかもしれない。

もう一つ、アーティストはマニュアルどおりに対処することを嫌う。先に目標を設定し、そこから逆算して今なすべきことを知る、といったやり方をしない。じぶんが何をしようとしているのか判然としないまま、「感覚」という名の身体の知性をたよりに、世界を、時代を、まさぐろうとする。「想定外」のことが起こったら、とりあえずは周りのありあわせの物でなんとかやりくりして対処しようとする。食う、着る、住まうといった、人のもっとも基本的ないとなみに不意の状況が生じても、手許にある素材でなんとか繕おうとする。そうした手業《てわざ》に長けているのが、アーティストたちである。

異変の徴候への鋭い感受性と、どんな状況にも手業でそれに対応できる器用さ、その二つが、人がしたたかに生き延びるために不可欠だとすれば、知人の画廊主、松尾恵がかつてそう書いたように（「京都新聞」二〇一八年二月二三日夕刊）、アートは「経済や福祉やその他の社会的サービスのすべてに共通する概念」だと言えるのではないか。

作品のプレゼンテーション？

プレゼンテーションというものを、わたしはあまり信用していない。もちろん、心ならずもそれが必要とされる場面もあることはある。というか、営業でも事業提案でも、ヒアリングや面接でも、明快なプレゼンテーションというものが昨今、ますます求められるようになっている。けれどもことアートにおいては、何を語るのか、どう語るのかが、右の場面で求められるものとはずいぶん異なるはずだとおもっている。

「芸術」は、作品として、あるいはパフォーマンスとして、すでに提示されてある。だからそれについて説明を加えるのは、あえていえばリプレゼンテーション、つまり再提示もしくは代理提示であって、プレゼンテーションなのではない。それは出来上がったものについて事後的に語るものであって、アートの制作プロセスそのものを言葉でともに担うものではない。

じぶんが創った作品についてプレゼンテーションを試みるときに、たぶんだれもがまずぶち当たるのは、うまい言葉が見つからない、どんな言葉を口にしてもきちんと言い切れない……といったもどかしさだろう。いや、そもそも芸術作品について語るというのは、ある言語から別の言語への翻訳ではなく、非言語から言語への翻訳なのだから、その語りは不完全な再提示、つまりは言葉足らずになるほかない。

だから、ちょっと逆説的な言い方になるが、言葉によるプレゼンテーションは、言葉が足りない、うまく言語にできないというもどかしさ、つまりは口ごもりのなかでこそ、より精密になされるはずである。すらすら再現できるのなら、はじめから言語でそれを表現すればいいだけのことだ。

では、芸術にプレゼンテーションは不要なのだろうか。よくてせいぜい付け足しにすぎないのだろうか。

芸術は人の感性や想像力を豊かにするものだと、よくいわれる。言葉にならないものを表現するともいわれる。だが、「悲しみ」という語が悲しみの感情に似ていないように、言葉もまたわたしたちのもつれた思いや体験に新たな形を与えるものである。そういう意味では、言葉もまた表現と理解の触媒として大事なものである。が、言葉が触媒としてはたらくというのは、言葉にも言葉というかたちをとって立ち上がる、その瞬間があるということである。そう、意味が、形が、生まれる瞬間が。

作品の制作ではなく、いったん仕上がった作品を人びとのあいだでさらに生成させるためにこそ、言葉はある。作品のなかに潜在している意味を、こんどは他者たちに向けて語り、問いかけ、他者たちへと架橋してゆくこと、いいかえれば他者たちとのあいだでそれをさらに生成させること、そこに芸術におけるプレゼンテーションの意義はあるのではないか。

何十年ぶりかに偶然再会した人を、はてだれだったっけと訝《いぶか》しげに見つめているさなか、「あっ、顔が出てきた」と叫び、懐かしむ瞬間があるように、あるいは逆に、家族や友人といった《同じ顔の中に日ごと見知らぬものが現れる》（ジャコメッティ）のを見て震えることがあるように、自作品についての他者に向けて語るなかにもそのようにある未知の意味が生成しだす瞬間がある。そこから作品の別の〈顔〉、別の〈しるし〉が立ち現われる瞬間が。

だから、芸術制作に取り組む人は口下手でいいとおもう。あえて口下手がいいとまでは言わないにしても、他者の言葉をそこから引き出すには言い淀んでいるくらいのほうがいいとおもう。

むかし、宮下順子という女優さんについてこう書いたことがある――

《あまたいる女優のなかでも、このひとほど顔とからだがなめらかに続いているひとは少ない。このひとの顔はからだを引きずっている。あるいは、もてあましたからだのそのもてあました分が、顔になっている。》（『皮膚へ』思潮社）

そういう切っても切れない関係が、芸術表現とそれを再提示する言葉とのあいだにあればいいなとおもう。

ちっちゃい焚き火

京都駅のすぐ東、塩小路高倉の角の空き地で、三月から毎週、京都の国際現代芸術祭PARASOPHIA（パラソフィア）に合わせて、「ウィークエンドカフェ」が開かれている。

テントが五つ、脇には雑然とした屋台が一つ。テントの中、テントのあいだに、小さな焚き火がある。それを囲んで、知らない者どうしがいっとき、おしゃべりに興ずる。「何やってんの？」とのぞきに来る近所の人もいる。ふらり立ち寄った海外からの観光客もいる。神戸からわざわざこのために来た人もいる。まるで主人のようなリピーターもいる。

カフェと言いながら、出すものはなくすべてが持ち込みだ。そして焚き火の上に網を敷いて、勝手に焼き、取り換えっこもしながら、口をもぐもぐさせている。主宰者はどこにいるのか、屋台で飲み物を作り、運んでいるのは客のほうだった。

カフェを主宰するのは、アーティストで、かの空前のパフォーマンス・グループ

「ダムタイプ」の元メンバーでもある小山田徹さん。長年、全国のいろんな所で《ちっちゃい火を囲むプロジェクト》に取り組んできた。東北の被災地でも、わたしのいた大阪大学文学部の中庭でも。

取り組むといえばたいそうで、ほんとうは開いてきた、と言ったほうがいい。看板やポスターがあるわけでもなく、ただそこにテントと焚き火があるというだけ。主人公はそこに集っている人たちだからだ。たったそれだけのことで、まちに「すきま」が空く。

焚き火には、理由も目的もなしに人を誘い入れるそんな吸引力がある。「火が熾《おこ》る」という言い方がある。「おこり」は一般には「それまでなかったものが生じる」ということ、つまりは起こりであり、興りである。そしてこのプロジェクトでは、何もなかった図面に思いがけない補助線を描き入れることで図がもぞもぞ別の動きを始めるように、何かがおこる。その場所に、一人ひとりの心の中に。

わたしが小山田さんの活動に強い興味をおぼえたのは、彼のある言葉にふれてからである。震災の年、宮城県女川町の「対話工房」でのインタビューで彼はこう語っていた――

「スキルとよばれるものは、隣の芝生に行って発揮されなきゃじつはだめなんじゃないか」。「アーティストがアーティストとしてアートの分野で何かをするのは基本的にあたりまえ」、違う言語に「翻訳」され「活用」されてはじめてそれはスキルとなる。アーティストとはだから「隣の芝生に行けるパスポートをもっている人」のことなのだ、と。

この背景にあるのは、あるフォーラムで口にした、公共性というものへの次のような思いだ。

《行政が公共というものを用意する時代はもう終わった。もともと公共って、自分の私的財産とか時間とか労働とかを供出し合って作ったものを呼んでたんだけど、今は税金を納めて公共というものが上から下りてくる感覚があります。》

そんなもどかしさのなかで、彼は「ちっちゃい焚き火」の活動を開始した。大きな火は、人びとを一つにまとめ上げてしまう。人びとを一つの大きな塊へと糾合してしまう。そこでは人は窒息状態に陥る。これとは反対に、小さな火は人を温めてくれる。

そのまわりで人は黙っていてもいいし、無駄話してもいい。焚き火から焚き火へと「はしご」してもいい。最後の最後はわかりあえないものだということを前提としての語らいなら、あるいは職場での、学校での決まり文句を口にしないでもいいのなら、人は逆に、忘れかけていたじぶんの言葉をぽつりぽつり漏らしはじめる。整合的な議論をしようとすれば考えは一つに合流していやがおうにも硬くなってゆくが、とりとめもない話が許されるというか、歓迎される場所では、失いかけていたじぶんの言葉を、たがいに不安もなく持ち寄ることができる……。

そういう隙間を開くために、そういう空間を「お上」から貰うのではなくじぶんたちでもちつづけるために、小山田さんは焚き火をしてきたのだろう。

アートは、自己表現である以前に、わたしたちがほとんど失った《公共》なるものを、じぶんたちの手に甦らせるスキルとなりうる。そのような希望をわたしはそこに見た。

近所の人たちはたいてい子連れでやってきていて、その子どもたち一〇人くらいが、テントの脇でくったくなく遊びほうけていた。いざとなったらまわりに「手」がたくさんあるというのは安心なことである。

ヒスロムの実力

ヒスロムという、関西弁でいうけったいなアーティスト集団がいる。二〇〇九年に活動を始めた加藤至、星野文紀、吉田祐の三人組だ。

彼らの活動を「フィールドプレイ」と評したのは、「維新派」の松本雄吉である。いうまでもなくフィールドワークにひっかけてである。たとえば造成地の地下に潜り込んだり、そこに放置された土管をくぐったり、巨大なゴムパイプの切れ端と戯れたり、極寒の雪渓で深い穴を掘ったり、伝書鳩を飛ばしたりと、野外でのパフォーマンスを映像記録として発表してきた。

「何してんの？」とつい声をかけたくなる。こんなあほらしいことを必死でやりつづける姿にあきれもする。

その三人が《ヒスロム　仮設するヒト》という展覧会を、せんだいメディアテークで開いている。廃屋や土嚢の山、錆びた金属管や薄汚れた作業服、貼り紙や動物の剝製など、会場は一見雑然としている。が、およそ五〇メートル四方の広大な空間を、それもふつうなら覗かないステージの裏側まで丹念に作り込んである。《美》などには見向きもしない、不可思議な衝迫に押されとまどいながら、まるで遊び場にいるようなほどけた気分にも浸れる。

が、それ以上にたじろいだのは、じつはオープンの前日にたまたま目撃したその設置の作業だった。

手伝う人が多すぎる！　泥団子をこねる人、材料の枯れ葉を集め、袋詰めする人、針金を撓《たわ》める人、ステージを設える人、そしてなぜか応援団。そしてその間を彼らの子どもたちが走り回る。聞けば彼らは助っ人。近所のコンビニで「たらし込んだ」人もいれば、遠方から駆けつけた人もいる。

　自腹を切って駆けつけた彼らはおそらく、奇矯《ききょう》ともいえるヒスロムの意図を正確に摑んでいたわけではあるまい。理解できるからではなく、理解できなくても、仕事を休んで手伝いにきた、そのわけをわたしは知りたかった。その信頼というか共感の理由を。

「仮設」ならぬわたしの仮説はこうである。絨毯のように目の詰まったこの社会に〈空き地〉をつくる、〈すきま〉をこじ開ける。何の構築につながるのかもさだかでないまま、体をひたすら酷使することを楽しむ。そのひたむきな姿勢にほだされたのではないか。

　食べる、働く、住む、つきあうといった暮らしのもっとも基本的な場面が、コンビニ、労働契約、賃貸住宅、情報機器、さらには保険、年金など、社会のさまざまなシステムによって緊密に編まれている。つまり、個人の生活と社会の制度とがべったり密着してきている。それがわれら現代人の生活だ。考えてみればしかし、婚姻も勤労も集住も治療も葬送も、人類の歴史でたった一つ、決まった形などというものはない。いかなる制度も作られたものであり、作られたものであるからには、作り変えることができる。つまりあらゆる制度は「仮設」だということ。そのことをヒスロムは体でしか確認しようとしてきたのではないだろうか。

世界にはまだまだいっぱい〈空き地〉がある。〈すきま〉がある。そんな思いで、ヒスロムは、わたしたちの周辺にあって放置されているもの、用済みになったもの、廃棄されたものに、慈しむかのように向きあってきた。置き方、並べ方、使い方を変えて、別のありえたかもしれない可能性と戯れてきた。その開放性に惹かれて、人は手伝いにやってくる。いってみればヒスロムは「人たらし」。世界よりも先に彼ら三人それぞれの中に、そしてその間に、すきまが空いているからだろう。そんなふうに手伝いあう関係を、ふだんの生活にも取り戻したいとおもった。ヒスロムの、その半端でない実力はおそらくそこにある。

床面積を大きくする

パリを拠点に活動する造形作家、川俣正は、都市にアート施設が溢れ、地方でもアートイベントが頻繁に催される動きにずっと強い違和感をおぼえてきた。現代アートがその「わからなさ」によって逆に社会のなかで確かなステイタスを得るという詐術に、もっといえば、わからないから飼いならしもできないアートの潜勢力が、これらの「アートフル」な空気のなかで骨抜きにされてゆく状況に苛立ってきた。川俣はこれに対抗するかのようにみずから「アートレスなアート」を旗印に、公民館や公園、病院や工事現場、さらには隔離病棟や刑務所跡などで、廃材などを使って仮構構築物を設置してきた。地元住民との軋轢にも遭いながら、である。

その彼がしばらく前から仙台市沿岸部の被災地で、住民らと、津波で橋を流された貞山運河に橋を渡すプロジェクトに取り組んでいる。アート作品とはいえ、橋の建設は、国や県、そして市との交渉が複雑だ。それに住民たちの思いもさまざまで、一つ動きだせば小さな衝突もあちこちで起こる。だが川俣は、もめてくると逆にうれしそうな顔つきになる。

先日、その中間報告ともいうべきワークショップが開かれた。絵を描き、模型を作り、並べながら議論し、やがていつか作業員として働くことにもなる人たちのフォーラムである。その模型を前に川俣は横にいたわたしにこう言った。

《議論はもういいんですよ。具体的なものを一つひとつ、つくって、置いていくということが大事です。》

そのなかで「責任を分かち合う」ような関係へと人びとの意識が変容してくる。その過程が大事なのだと言いたげに見えた。

福島県いわき市の「地域活動家」、小松理虔も、『新復興論』(ゲンロン)のなかで、川俣のこの問いかけに応えるかのような発言をしている。「コミュニティをつうか」と。

なぎ合わせる力」とか、たしかにアートにはそういう力もあろうが、それがアートなのではない。アートは「アートにしかできないことをやるべきなのではないだろうか」と。

被災地の議論では、現場のリアリティについ引きずられる。復興予算もその一つだが、のっぴきならない思いや利害の対立が生まれ、それがこじれてきて、内か外か、賛成か反対かというふうに、関係がつい「二人化」する。こうしたこじれのなかで疲れ果ててやがて「一人」で閉じこもる人も出てくる。だから現場には「批評」という第三の眼が必要だと小松はいう。じぶんたちが取り組んできたものを一度うんと「遠いところ」から、それこそ現場をかき回すくらいの強度で「評価」するプロセスがないと、次に進むべき道も見えてこないからだ。それにアートには楽しみがある。この楽しみこそ、人びとを知らぬまに思考停止へと押し流す「大きなひとつ」の力への「依存」を押し返す、もう一つの力になりうると。

社会の分断と地域社会における孤立。これらはなにも被災地だけのことではない。一方に罵倒や恐喝まがいの脅しといった言葉の礫《つぶて》の応酬、他方に冷笑と無関心。そんな分断の状況がそこかしこに見られる。そのなかで一人ひとりがますます爪先立ちの状態に追い込まれている。

大きな貨物船の荷物も、ばらばらではなく、ある程度のまとまりで括《くく》っておかなければ、大波に煽られて船はすぐ傾く。簡単にいざらないようにするには、底の摩擦を大きくすること、つまり床面積を増やすのがいちばんだ。ぼーっとしていても危なくないように床面積をじりじりと増やしてゆく。そういう活動に、川俣と小松は期せずして別々の場所でかかわっているように見える。

芸術と教育

この（二〇一九年）三月末をもって京都市立芸術大学での務めを終える。わたしはかねがね、広く芸術やアートと呼ばれるものが、これからは初等から高等まで、教育の基幹的なメソッドになると考えてきた。美術科・音楽科としていわば周縁に置かれている一特殊科目ではなく、あらゆる科目のなかに浸透していかねばならないと。だからかつて在籍した大阪大学でも、医学や理学、そしてわたしの専門の哲学でも、美術家や音楽家、演劇家との共同授業を試み、その教育センターを立ち上げもした。

大学を去るにあたり、そこに込めた思いをあらためて二点にしぼって記しておきたい。

ロック・ヴォーカリスト、忌野清志郎に「ぼくの好きな先生」という曲がある。美術の先生は「職員室がきらい」でいつも一人、アトリエでたばこをくゆらせている。たばこと絵の具の匂いがするその「ちっとも先生らしくない」先生が好きで、よく部屋に通ったという歌である。

塞いだ生徒にとってじぶんを弛める空き地のような場所として美術の部屋があるというのは、わたしもまた高校時代そうだったからよくわかる。けれども今にしておもえば、美術には（人生において）一息つくところ、つまり避難の場所という面のみならず、もっとものごとに、そして社会にコミットしてゆく面がある。

もう一つ、芸術とは「創造」の行為だという考えも芸術を誤解させる。芸術は「無からの創造」ではなく、身にこびりついた知覚や行動の型を変換して、世界をもっと別なふうに見る、別なふうにふるまう、そういう試みとしてある。この意味で芸術は、じぶんたちを編んでいる社会のフォーマットを、もっと別の自由なそれへと変換するプロセスに深くコミットしてゆくいとなみだといえる。

「遊園地」と「原っぱ」という、建築家、青木淳の卓抜な比喩を借りていえば、遊園地ではいろんな遊びの装置があらかじめ設《しつら》えられていて、訪れた子どもは「客」としてそのメニューのどれかを選ぶだけだ。逆に原っぱや空き地では、そこにたまたまあった物を使い、たまたま居合わせた人と工夫してゲームを考えだす。偶然そこに居合わせた子どもたちが、遊びのコンテクストをみずから編み、そのルールもじぶんたちでつくってゆく。

この比喩が気づかせてくれるのは、共同生活のあり方から仕事の組み立て、風土とのかかわり、社会運営や流通のしくみまで、生活の基本を下書きしているフォーマット（もしくは初期設定）を書き換える、その作業のモデルとして芸術はあるということであろう。

芸術がそのモデルとしてすぐれている理由が二つある。一つは、道具や材料があらかじめ用意されていなくても、ありあわせの材料でつくる料理のように、たまたまそこにあるものをうまく使って何かを創る《ブリコラージュ》（器用仕事）のわざを駆使するということ。

いま一つは、スロープや階段の手すりなど、都市に設えられた装置を巧みに別の用途に使うスケボーのように、既存の装置を《ハック》（割り込み）するという、突拍子もない手を使うこと。たとえば災害や事故など、社会に想定外の出来事が生じたときには、他の人たちの思いを慮りつつまずは手持ちのもので問題の解決をはかる、その力を養うというところが芸術にはある。

従来の「鑑賞」とはずいぶん隔たっているが、昨今の芸術には以上述べたような意味で、〈生存の技法〉（復元と再生のわざ）とか〈デモクラシーの練習〉をめざしているところがある。これを教育に活かさない手はない。

織と文

前々からずっと不思議におもってきたことがある。植物の器官、たとえば芽、花、葉、実、根、これらすべてが人間の感覚の器官、いのちの台座をあらわす語でもあるということだ。芽は眼、花は鼻、葉は歯、実は耳といったぐあいに。そして骨はかつて秀根《ホネ》や含根《ホホムネ》、胸は身根《ミネ》や生根《ウムネ》と書いたというから、これらは根にあたる。偶然などとはとてもいえないほどの符合である。

こんなことをふと思い出したのは、二〇一四年の京都賞（思想・芸術部門）を受賞した志村ふくみさんの本を、これを機会に読みなおしたからだ。志村さんは糸を染める染織家であると同時に、心に染み入る文章を書かれる人でもある。ここにも語の符合がある。

織物のことをラテン語でテクストゥムというが、ここからテクスタイル（織物）とテクスト（文）という近代語が生まれた。それらはともに「あや」（綾・文）という独特の風合いをもち、その風合いはテクスチュア（肌理《きめ》）ともいわれる。糸を紡ぎ、染め、綾を織りなしてゆくいとなみと、言葉を編み、重ねて文をなしてゆくいとなみには深く通ずるものがあって、じっさい、志村さんにも『織と文』（求龍堂）と題した著作があるし、「白い紙に一行の詩をかくように、私は色を織り込みます」（『一色一生』求龍堂）という文章もある。

くわえて戸井田道三さんがかつてこんな指摘をしていた。文はものごとの「経緯」（縦糸と緯糸）をあらわすものであり、語られる「事柄」とは言（＝事）のがら（＝柄）でもある、と。となると、志村さんが染織において示されていることは、芸術一般に、そして文芸や思想にも通じるものであると考えてよい。

「自然界の変幻極まりない仕組の中には、一定のリズムや周期がめぐってきて、われわれにほんの一滴のしずくをしたたらせてくれるのです。それを受けとめる態勢がこちら側に整ったとき、はじめて色が生れるのです」と、志村さんは『一色一生』のなかで書いている。これはとても重要な指摘であって、植物のいのちや天体の運行に感応するなかで、色を創るのではなく「色を戴く」というのである。

草木染めや焼き物の窯変《ようへん》がそうだし、子育てもそうであるが、思いどおりにならないところにこそ大切なものが立ち現われる。なのに、近代の技術文明は、色なら顔料を作るというふうに、世界を技術で操作しようとしてきた。

たしかにキリスト教文化は「七つの大罪」として人の傲慢を戒めていたし、人間を被造物（創られてあるもの）と考え、存在を「与えられて」あることとして理解しようとしてきた。が、造られてあるとは造れるということでもある。そこから、自然と世界を意のままに、思いどおりにできることを人間の自由ととらえる逆の思想も出てくる。自然破壊や放射能汚染といった現代の環境危機はその延長上にある。

品位というのは自然にこそあり、それを植物から学ぶのが草木染めというわざなのであろう。自然にわれわれが秩序を与えるのだという《設計》の思想を超えることがいまわたしたちに求められているのだとおもう。そのことを志村さんは「物を創ることは清めることだ」と書いている。

〈衣〉の無言——石内都『ひろしま』

むかしの服は、みな手作りだ。裁縫を習って子どものために作り、あるいは近所の仕立て屋に作ってもらう。そんな言ってみればオートクチュールなのだから、破れてもほつけても、繕い、ツギを当て、裏から補強して、それこそ雑巾になるまで着古した。

この都会の子どもたちは大人たちからずいぶん大事にされていたのだろう。戦時中でありながら、その日も、けしておざなりな格好でも間に合わせの格好でもなかった。花柄、紅柄、格子柄。レースのフリルに、とも布で被ったボタン。丹念に織られ、染められ、縫われ、折り返され、糊付された布地。そう、みな手作りの洋服を着ていた。

けれども、ここにある衣類の数々は、だれかの思い出のために、遺品としてきちんと畳んで、行李《こうり》の中やタンスの奥にしまわれていたものではない。破れ、裂かれ、溶け、ぼろぼろにちぎれた衣類の数々。

それらは、〈布〉として焼けたのではなく、〈衣〉として焼けた。〈衣〉として焼けたというのは、だれかがこの布をまとったまま、この布のなかで息絶えたということだ。この〈衣〉にとって、時はそこで氷結したままである。傷を負った皮膚は、引き攣《つ》った傷痕をそこに残すだけでなく、傷に抗い、傷とともにもがき、傷をようやっと受け容れたその時間も刻みつけている。そう、身体は時を刻むとともに、(石内都自身のことばを借りれば)時に「抱きしめ」られる。が、焼け爛《ただ》れたこの〈衣〉はもう、時を刻むことも時に抱きしめられることもない。

この刺繡は、とのぞき込んで、息を呑んだ。刺繡とみえたものは、じつは爆風に煽られ、溶けて焼け付いた上着の一部だった。とすれば、これらの布はそれをまとっていた人の溶けた皮膚におのれを焼け付かせたにちがいない。火傷で皮膚にくっついてはなれない衣服、それをハサミで切りながら、めりめり剝がしたものもここにはあるはずだ。

衣服は、人の欲望と感情を象《かたど》り、人としての嗜《たしな》みと誇りを育む。そういう意味では、「衣服が人を作る」と言えないこともない。けれども、〈自由〉というのは、そうした皮膚と衣服の一体化のなかにあるのではなく、それを演じながらも裏切ることのなかにこそある。この衣服とのあいだのずれのなかに人はおのれの自由を託す。衣服の意味は着替えられることにあるのだ。「わたしはあなたが見ているような者ではない」。その自由がこれらの服からは奪われている。

もはや着替えられることもなく、あるとき、肉付き仮面のように、だれかの皮膚と文字どおり一体となってしまい、そして激痛に苛まれるその身体から無理やり剝がされた服たち。行李やタンスの中にしまわれていても不思議でなかったこの古着たちは、時計をも溶かす熱線によって一瞬にして蹂躙され、破壊しつくされたものが、人びとのごくごく普通の生活であったこと、それぞれに丁寧に丁寧に生きられていたあたりまえの日常であったことを、声には出さずに告げて余りある。

人形の「普遍」

京都に住んでいると、寺社というのはあってあたりまえのもので、ふだんはとくに有り難がりもしない。幼いころには格好の遊び場だったわけで、わざわざ拝観料を払って見に行くようなものでもない。が、外部の人からすれば「恵まれているな」ということになる。

文楽も大阪の人にとってはそういうものかもしれない。あるいは、そういうものであったとおもう。わたしなども、文楽に下駄履きで行くような感覚の大阪人が羨ましかった。

三〇年近く前のことになるが、ある自治体に委嘱されて、全国主要都市の文化資源の統計調査をしたことがある。重要文化財や、美術館・博物館などの文化施設の数は当然だが、あわせて、どれくらいの市民が謡《うたい》や仕舞《しまい》、書や茶道・華道の「習い事」をしているかも調べた。どういう順位だったかは憶えていないが、大阪、京都、金沢の三都市での割合が抜きんでていた。

日常のしぐさを抽象化したものが舞なのか、舞の所作が日常のそれに染みわたっていったのか、わたしにはわからないが、「芸事」というものが日々の暮らしのすぐそばにあったのはまちがいない。そこにはおそらく、体をふだんとは異なったふうに使うことで、体の軸を据えなおすというか、何が起こっても対応できるような可塑性を身につけておくという意味もあっただろうし、日々の抑えた質素な暮らしに風穴を開けて、濃密な感情をいっとき爆発させるそんなカタルシスの意味もあっただろう。仕事のあいまの束の間の、鍛錬と愉悦が一体となったいとなみであった。

それは町民の力量をも標《しる》していた。あるいは、「大事なことはお上には委《まか》さない」という町民の気概のひとつの現われだったと言ってもよい。事実、大坂や京の町衆は、藝とともに学の場所をもみずからの力で拓いていったのだった。大坂なら懐徳堂、京なら古義堂に代表される数々の私塾の存在である。藝と学、ともに身心の「賢さ」を身につける場所として、である。やるせない思い、やりきれない思いにとっさに浄瑠璃の語りで形をあたえる、もつれた考えを漢籍の言葉で整える、そんな表現の回路がかつてあたりまえのようにあったのである。

感情の水準が変わったというか、それがいつのまにか日常の光景からじわりじわり遠ざかっていった。

が、思いも寄らぬところで、文楽の凄《すご》みに若い科学者たちがふれて、まるで火傷をしたような顔つきになった。わたしが大阪大学の副学長を務めてすぐのころだったとおもう。当時、専門領域を横断するようなコミュニケーションの教育のために東京から赴任してくれた演劇家の平田オリザさんを、きっと何かの〝化学反応〟が起こるはずと、ロボット研究のフロンティアで活躍されている工学部の石黒浩さんに紹介した。二人は会うなり意気投合し、すぐに世界初のロボット演劇のプロジェクトにとりかかった。

そのとき平田さんが石黒さんに引き合わせたのが、桐竹勘十郎さんだった。それまで人間のふるまいを仔細に分析し、ロボットのふるまいをそれに限りなく近づけようとしていた石黒さんに対し、平田さんは数ヵ所のポイントだけに注目したほうがいいと考えたのだ。このアイディアはロボットの行動様式の革命ともいえるものであった。文楽の人形は頸《くび》や手や足腰の関節をほんの数ヵ所しか操らない。にもかかわらず、ロボット以上に、というか人そのもの以上に微細に人のふるまいを再現する。人は他人のふるまいの何を見ているのか、その秘密をこじ開けた瞬間だった。

世阿弥の能楽が「〔水墨画の〕画家が物象の姿から色彩を捨ててただ線だけを残したとおなじように、人間の身体の動作から自然的な動き方をことごとく消し去ってただ動くということだけを残した」のとは逆に、文楽の人形遣いは「ただ自然的な動きのうちの目ぼしいものを、殺しあるいは活かす」というふうに、「急所だけを捕えて他をことごとく切り捨てた」ことで、ただならぬ芸術的効果を作りだしえた……。和辻哲郎は、往年の著作『歌舞伎と操り浄瑠璃』(岩波書店)のなかに、そう書きつけている。そう、その伝統こそがロボット製作で活きると、平田さんらは考えたのだった。

ロボット演劇は、その後大きな反響を呼び、世界の数十ヵ所で上演されることになった。文楽が突きつめたその洞察が、民族文化の差異を超え、人類の「普遍」として受け容れられた瞬間であった。古くから伝承されているからではなく、いずれの時代、いずれの場所でも活かされてこそ、古典は「普遍」なのである。その「普遍」の火床が、市民にとってはあたりまえのものとして、いまもここ大阪にきちんと息づいているのを、わたしたちはもっと誇っていいとおもう。

「態変」という燈台

数ヵ月、寝たきりになったことがある。「立つ」とか「座る」とか何かを「する」というふうに、体をまとめることができなくて、ただの質量体として、わたしの体はただそこにぽつんと存在しているばかりであった。

ベッドに押しつけられているような心地がしたけれども、だれかに押しつけられているわけではもちろんない。わたしが重いのだった。重さをもった質量体としてわたしはそこに「在る」のだった。寝たきりの最初にあったのは痺《しび》れだった。わたしの体なのに、その感覚のあるところとないところとがわたしの体にはあった。そう、体がばらけていた。まだら模様になっていた。

ベッドの上で、しかもじぶんの体であるという感覚が消えている部分もあって、動くというだけのことに、どれほどもぞもぞ探求することが必要だったかと、いまとなれば仄《ほの》かな記憶をたどるばかりだ。べつに病院のなかでではなく、赤児であったとき、ずっとそのようにもぞもぞしていたはずなのに。「立ってしまうと鈍くなるんです」という金満里さんの言葉をなぞるかのように、ふとそんなことを思い出した。

はじめてわたしが観た劇団「態変」の公演は、『色は臭へどⅣ』だった。そこで、ごろごろ転がる他人の身体、それも高速で回転する身体を、はじめてつぶさに見た。

それは地べたでのごろごろのはずなのに、観客席からすると、まるでわたしが空から、地上でつま先だってくるくる高速で回転するバレリーナの体を見ているかと錯覚しかけた。そのとき、横ばいのごろごろか、錐《きり》を揉み込むような縦のぐるぐるなのかは、相対的な差異でしかなかった。羊水のなかに浸かっているときにそうであったかのように、右も左もなく、上も下もなかった。それと較べれば、ふだんだれもがそうしているように、何かを「する」ものとしてこの身体をとらえることは、いかに身体の在りようをこぢんまりと約めてしまっていることか。

ぐるぐる転がる体は、それがモノ、つまりは質量体であるという、あたりまえすぎる事実を突きつける。わたしの体にいろんなところで重力がかかっている、あるいは、わたしの体はつねに何かに凭《もた》れているということに気づかせる。

だから、物、人かぎらず、人は凭れていいのだ。凭れないともたないのだ。態変のダンスでは、だれかが起き上がるとき、そばにいるだれそれとなく踏み台として身を差し出す。他人がいざって疲れたら、じぶんの体をその人が全身をゆだねることのできる「枕」として差し出しもする。搾取ではない利用。人はすすんで道具として使われることがある。いや、そうしあわないと生を存続させられないことがある。簒奪《さんだつ》する愛が最後のところでなければ、簒奪される「あなた」がいなければ、「わたし」は生きていけない。

人は、じぶんがここにいることに意味があるのかと、生涯問いつづける。存在していいとほんとうに言えるのかどうかに怯えている。けれども、人は意味を食って生きているのではない。人をほんとうに「食って」生きている。人はそれほどに他人のなかに食い入ってしか存在しえないのだ。

堂々といろんな人を使いまくったらいい。「これ」なしでは生きていけないというかたちで使いまくられること、そのことでほんとうに「いる」と思えることが人にはある。人は使われることを、他者に蹂躙されていることと考えるかもしれないが、使われないじぶんが仮にありうるとして、そんなじぶんになにか存在の名にあたいするものがありうるだろうか。

意味にこだわるというのは、じぶんの身体を何かを「する」ことへとまとめてゆくことでもある。金さんの言っていた、「立ってしまう」ということ。でも、「する」で編まれた社会というのは、みなでそれぞれの存在に意味があることを納得しあえるように、「する」ことのできる人たちが共犯的につくりあげている物語でしかない。だが、何かを「する」ことができるかできないかは、ほんとうは最後の問題なのではない。

人はじぶんのことですら何一つ、思いどおりにできない。体はもちろんその一つだ。思いどおりにならないことは負ではなく、思いどおりにできないところでこそわたしは存在する。他者を文字どおり踏み台にし、他者に踏み台にされることによって。そういう関係の編み方ができるということが、まさに「支えあい」であろう。

そういう意味で、「できないこと」を「できないこと」でなくしてゆくことが、じつはもっとも大事なことだ。国籍を脱いでも、性を脱いでも、年齢を脱いでも、「だれかである」ということすら脱いでも、確かに生きていける、そのための支えをもっているということ。態変の舞台から伝わってくる、原型にまで連れ戻された人びとのその「在る」をそのまま深く肯定してゆくまなざしは、「在る」ことの意味の有無に怯え、不安になっている人たちを救ってきた。その人たちの怯えを容れる器になってきた。怯えを通す筒になってきた。

その器のなかに入ると、その筒を通り抜けると、そのあとじぶんがなんだか変わっている……。そんな経験を人びとに（あるいは、じぶんに）引き起こすこととして、金さんは「芸術」を選んだ。が、三〇年前、その「芸術」活動を衝撃的なかたちで開始したときにかかったものすごい風圧を、金さんはいま別のかたちで受けている。劇団の創設時から金さんが「食いあって」きた人、福森慶之介さん、木村年男さんを、先年続けて喪った。劇団への公的支援が殺《そ》がれて、舞台を陰で支える「黒子」の存在もこれまでのようには「使えなく」なっている。一方、大震災、原発事故、そしてそれこそ人をいやでもそのぎりぎりの（負の）原型にまで追いつめる戦禍の気配を察知し、もっともっと動きたいと思っている。

《わたしを楽にせよ。わたしが楽にならねばだれも楽になれない》という言葉を、人と人がこころの底から交わしうるそんな場が、いま、わたしたち一人ひとりのまわりで、そして態変の制作現場のただ中で、不可欠のものとなっている。

（それにしても――。床に両肘をついて話す金さんとゆるりと反転させたその掌、車椅子に座して書類を、茶椀を取ろうと腕を伸ばすそのしぐさ、舞台挨拶のために前屈みになりながらもきりりと顔を上げる金さん……。それらは他所《よそ》にいても「面影」として揺るぎなく浮かんでくる。ときに抵抗と闘いの顔貌として、ときに慈悲と励ましのまなざしとして。金さん、ほんとこのごろ、ええおばちゃんの顔つきになってきたなあ。）

Ⅳ 〈探究〉という仕事

1　ニッポンの哲人

九鬼周造――両立不能

分かれ道に立ったとき、二つの異なる道筋が眼の前にあるとき、人ははたと考え込む。多くの人が人生ではじめて本気で考えるということを始めたのも、父と母、あるいは両親と教師とが、じぶんの育て方をめぐって眼の前で言い争いを始めたときではなかったろうか。「対立」は人を思考へとうながすもっとも大きな誘因である。

たがいに宥和《ゆうわ》しえないもの、両立しがたいものの対立、それは「矛盾」といわれる。九鬼周造はこの「矛盾」のなかに身を置き、その「矛盾」をぎりぎりにまで突きつめようとした哲学者であった。そういう場所へみずからを追いつめていった哲学者であった。

哲学的思索の主題から見てゆけば、九鬼が取り組んだ哲学のテーマは、偶然と必然、論理と実存という、たがいに相容れない存在の契機であった。それは根拠なしに起こるものについて根拠のある議論をすること、あるいは言葉に翻訳しえないことがらについて語ることという、はじめから不可能としかおもわれない試みであった。

おなじことはその書き物についてもいえ、〈論理〉と〈歌〉、つまりは論文と短歌というのが九鬼の二つの口調であった。そして『折りにふれて』(岩波書店)に収録されたエッセイのいくつかでは、それらが綴れ折りのように編みあわされる。坂部恵はそれを、日本の哲学者には類を見ない「ますらをぶり」と「たをやめぶり」の両性具有の声だという。

さらにその暮らしぶりにも、おなじことは言えそうだ。言えそうだというのは、伝聞でしかその暮らしぶりは知られていないからである。研究と遊び、要は大学と花街を往き来する生活。巴里と江戸という、二つの趣味の重なり。その下敷きをなすのが、出自をめぐる原風景である。九鬼には、生涯をつうじて、父と母とが揃う場面に立ち会うということがなかった。この〈父〉と〈母〉の共存不能という事態が、九鬼の心性と思想に深い翳りを帯びさせていた。

生前に書き下ろされた著作は『「いき」の構造』と『偶然性の問題』(ともに岩波書店)の二著しかない。花街の言振《ことぶ》りや身振り、衣裳や建具、文様や音曲などを解釈学的に分析した前者と、偶然性という、同一性や必然性の圏外にあるものの分析をつうじて論理の臨界に挑む後者とのあいだでは、書きぶりがきわだった対照をなしているにもかかわらず、論理の骨格はほぼ同一である。「いき」は、「垢抜けして（諦）、張のある（意気地）、色っぽさ（媚態）」と定義される。ここでは、異質な二つの存在がたがいの距離を限りなく近づけながら、それを合一や密着へとは帰着させぬという、可能性を可能性のままぎりぎりのところで維持する緊張がポイントとなっている。

　存在の無根拠性ないしは無底性という視点から、「いかなるものも根拠なしにあるのではない」という、西洋的知の基盤にある根拠律を揺さぶる後者は、ロゴス（言葉）でもってロゴス（論理）の外に出るというアポリア（難問）を深く内蔵した論考である。宥和も綜合も訪れることなく、どこまでも薄膜で隔てられた独立の二元が描きだす稜線上に爪先立つ思考が、そこには貫かれている。そこにはまた、後に現われたアドルノの非同一性の思考やアルチュセールの偶然性の思考をはじめとする現代思想との接点が、意外に深いかたちで見いだされる。「ロゴスがメロス〔歌〕として目覚める」瞬間、そのようなものを夢みた点で、九鬼は戦前の京都学派ではまさに孤高の人であった。

和辻哲郎――〈間柄〉の思想

右で取り上げた九鬼周造とここに取り上げる和辻哲郎とは、東京帝国大学哲学科に同期生として学び、ともに西田幾多郎に招かれ、京都帝国大学哲学科の同僚にもなっている。同時代ヨーロッパの哲学との対面の仕方においても、社会存在論の構想においても、多くの点で問題意識を共有しながら、ふたりの思考の道筋はほとんど対極にあった。

重厚な論文と、瀟洒《しょうしゃ》でときに妖しくもあるエッセイとを書き分けた点も似ているが、人びとの記憶には和辻の文章のほうがよく刻まれている。『古寺巡礼』『風土』(ともに岩波書店)、『鎖国』(筑摩書房)など、国語の教科書にも出てくる著作によってである。終戦をはさんで東京大学に倫理学の教授として在職しているあいだは、『人間の学としての倫理学』『人格と人類性』『倫理学(上・中・下)』(ともに岩波書店)といった倫理学の原論というべきものを書き継ぎ、日本倫理学会を立ち上げ、率いもしたが、定年後はきっぱり公職から離れ、若き日の想いを遂げるかのように芸術への思索に没頭し、『歌舞伎と操浄瑠璃』(岩波書店)や『桂離宮』(中央公論社)などを著した。

九鬼とおなじく、和辻もその独自の哲学的思索を始めるにあたり、デビューしたてのハイデガーの解釈学的な思索から大きな衝撃を受けている。それは、世界を意識の問題に還元する近代哲学の見方をいかに超えるかという問題意識であったのだが、人間存在の時間性に定位してその可能性を探るというハイデガーの方法に対しては、それはまだ「個人意識の底にのみ人間存在を見いだそうとする一面性に陥っている」として批判的であった。和辻は逆に、肉体をもち、歴史を背負った人びとの経験の空間性（とくに自然環境と習俗）に定位して人間存在論を展開すべきであるとし、『風土』を著した。

和辻の倫理学や文化理論の特質を一語に集約するとすれば、それは「間柄」ということになる。「ひとのものを盗む」「ひとをばかにするな」「ひとは言う」などの日本語の表現にみられるように、「ひと」はときに他者を、自己を、世の中を表わす。そのような意味の広がりをもつのは、「ひと」が、ギリシャ語のアントローポスや、ラテン語のホモといった語で意味されているような単体の存在ではないからである。

「ひと」は共同して生きるところにその本質があり、男と女、親と子、集落と集落のあいだ、つまりは「間柄」において「ひと」は生成する。そのような〈関係〉としての人間の主体性の広がりという視点から、家族、地縁共同体、経済組織、交通や通信機関、文化共同体、国家などの社会組織の構造を論じたのが、大著『倫理学』である。それは、個の成立には関係が先立つという、今日では間主観性と呼ばれる考え方の、この国における最初の体系的な論述であった。

和辻はさらにそこから、「もの」と「こと」、「物」と「者」、「ある」と「もつ」といった概念の対にも注目し、問いというものが、問う者と問われる者と、そしてそのあいだで問われている物と問われていることという、四つの契機をもつことを指摘し、自然に対する科学的な問いですら、ひととひとのあいだで生成する「間柄」の出来事であるとした。

こうした視点は、廣松渉の「認識の四肢的構造」論や、坂部恵による「おもて」「ふるまい」「しるし」「かたり」など和語の分析を媒介とした存在論などのかたちで、後々にまでこの国の哲学に深い影響をあたえることになる。

とともに、語義解釈から始まる論理は、当の論理の日本性を同義反復するだけで、いずれ「日本倫理」や「東洋倫理」を言うに終わるという、同時代の戸坂潤による批判から、「間柄」は関係の非決定性を抑圧する、ひいては他者性の拒絶につながるという視点から、「社会性への配慮」こそ「間柄」の人間学に欠如しているものだという、現代の酒井直樹の批判まで、さまざまな批判を向けられることにもなった。

にもかかわらず、和辻の文化論がいまなお多くの読者を惹きつけるのは、九鬼における〈論理〉と〈歌〉のあいだの緊張にも似た、〈倫理〉と〈藝〉という、論理性と官能性、あるいは存在と不在とのあいだの緊張が、その書き物に漲《みなぎ》っているからであろうとおもわれる。

廣松渉――モノからコトへ

哲学といえば、世界の根元にあるものの探究、あるいは根元的な視点からする世界の全体的な把握という、ごついイメージ、でかいイメージがつきまとう。世界がそうである根拠、認識が真なる認識である根拠を、哲学的な思索は狂おしいまでに求める。根拠の根拠、そのまた根拠を。根元的（ラディカル）なものは過激（ラディカル）である。ラーディクスというのは、ラテン語で「根」を、そしてそこから派生して根元や基盤を意味する。だからこの国でも、「絶対」「全体」「根元」「体系」「基礎」……といった概念が、哲学のいとなみを象徴するものとして語りだされてきた。

西田幾多郎を頂点としたそういう根元的な哲学の、この国における最後の格闘は、意外にも観念論者ではなくマルクス主義者、廣松渉によって着手された。時は一九六〇年代後半。六〇年安保の挫折をくぐり抜けて、思想の基盤の再構築が試みられる。根元的なものへの希求、つまりはこれまであらゆるものが立脚してきた地平や前提を根底から打ち破るという思いが、思想から芸術まで、異様なまでに熱を帯びた時代である。そこに廣松は『マルクス主義の地平』や『世界の共同主観的存在構造』（ともに勁草書房）をひっさげて現われた。

　廣松渉の作業は、いわゆる疎外論から物象化論へとマルクス思想の解釈の重心を置き換えることから始まった。資本主義体制下での人民の困窮は人間にとってその本来的なものが強奪されている状態であると考える思想から、商品や資本といった物と物との関係は人と人との社会的な関係が物そのものの性質であるかのように「錯視」された結果にほかならないとする思想への転位である。ここから、人の関係が物の関係へと物象化される、その「被媒介性」の構造を、廣松は問うていったのだった。

　そこにあるのは、「関係の第一次性」という考え方である。世界のさまざまな現象は、主観と客観とがまずあってそのあいだに関係が生まれるところに発生するのではなくて、何かを何かとしてとらえる「機能的連関態」がまずあって、主観や客観といった項もそういう関係の一契機として成立する、と廣松は考える。そのばあいに、その連関態は共同主観的なものとして生成する、つまりは主観自体がすでに他の主観との関係を含み込み、その一契機として生成するとされる。

後者の論点がとくに重要なのは、そのことによって、認識や存在といった哲学のもっとも基本的な問題空間に、社会関係のあり方という歴史的に事実的な条件がいわば直角的に組み込まれることになるからである。とどのつまり、認識論や存在論、さらに真理論はもはや社会存在論とは切り離しがたいものとなる。

「事的世界観」と追って名づけられることになるこうした地点から、(媒介ではなく)構成の、(共同主観性ではなく)間主観性の構造を問うていた現象学、「として」という理解の媒介の構造から出発した解釈学、さらには分析哲学の言語ゲーム論、科学史研究におけるパラダイム論、人類学的な構造主義といった同時代を代表する思想の諸潮流との本格的な論戦に、廣松は打ってでた。この光景からは、哲学徒のみならず、社会科学者や文芸評論家、さらにはデザイナーまでもが、眼を離せないでいた。

「事的世界観」の体系を『存在と意味』(岩波書店)としてまとめるかたわら、廣松は同時代が直面する政治状況と思想的課題を昭和思想史のなかに位置づける作業も怠らなかった。ポストモダニズムの議論は戦時中の「近代の超克」の議論の地平をはたして超克しえているかという問題意識からである。そこでは京都学派の歴史的な総括にも取り組んだ。

廣松がその基礎づけを試みた知の体系は、歴史的な情況の外にはない。もっとも根元的なものからするこの基礎づけの試みは、最終的にはそうした基礎づけの不可能性をこそもっとも根元的な仕方で露呈してしまう。それゆえにと言うべきであろうか、死の直前まで試みられた体系の完成は、知の地平の底を打ち破るというよりは、体系のまだ埋められていない部分を充塡するという空気をしだいに漂わせるようになっていた。

鶴見俊輔――まとめを拒む

「体系」への意志にもっとも強く反撥した哲学者がここにいる。思想をまとめるということ、そのことを拒む思想がここにあると言ってもよい。

歴史はこれまで、政治家から思想家まで大文字の固有名とともに記されてきた。これに対して、歴史の土台でありながら、歴史の記述の周辺もしくは欄外に無名のまま大括りにされるに終わった無数の人びと、その人たちの口からかろうじて漏れてくるミニマムの言葉、言ってみればその口ごもりを裏返して、そこに深い知恵を見る、そういう地点に、鶴見俊輔はみずからの軸足を置いてきた。

「倫理についてのこの小文を、私は、倫理学の古典からの借り物ではじめたくない。身近なところから、ひろいところにむかって、方向を見さだめたい」。これは一九九七年の鶴見の言葉である。その半世紀前、二六歳のときに、鶴見はこう書いていた。「近い将来に哲学はもっと生活のそばにおかれるようになるだろう」、と。このとき以来、「哲学」というものへの対峙の仕方にまったくぶれはない。

プラトンの対話劇、ルクレティウスの長編詩、アウグスティヌスの告白、パスカルの随筆、孔子の格言というふうに、哲学にはいつも、それでしか語れないというつきつめられた語りのスタイルがあった。なのにそれらの哲学を文献として分析し、さらにそれを学術論文にすることにかまけてきた日本の哲学のありようを、鶴見はまったく信用しない。

哲学は「久しく学術論文の形に隠れてじめじめと個人的感慨および不平を滲出させてきた」とか、「よく個々の事実について知りもしないのに、はじめから、全体についての意見の『体系』を作りにかかる」というふうに、鶴見の哲学批判は手きびしい。とりわけ「事実に対する病的な冷淡さ」を糾弾する若き日の言葉は激烈で、「大仰な言葉で綴らなくとも、哲学書は書けるはずだ」と言い切った。

この態度を、鶴見はプラグマティズムを論じるなかで身につけた。『アメリカ哲学』（世界評論社）のなかで、鶴見はプラグマティズムの哲学を、過程の論理、問題解決の、あるいは条件つき認識の論理として読み込み、「考えの現金価値」「柔らかな心の人」「冷蔵庫に入った真理」など俗語を使った表現につよく共鳴した。そしてわが国でそれに対応するものを、福沢諭吉や柳田國男の論考、綴り方運動の国分一太郎の文章、さらには石橋湛山の論説や佐々木邦の大衆小説に見いだした。

体系の網をくぐり抜けるかのように、鶴見の思考は、科学からフォークロアまでさまざまな知の象面に、はたまた寄席や唱歌から映画や漫画、さらにはサークル活動など芸術の辺縁にまでおよぶ。その仕事は、みずから編集した『思想の科学』誌や総合雑誌で発表され、『限界芸術論』(勁草書房)や『戦後日本の大衆文化史』(岩波書店)としてまとめられた。わが国における戦中・戦後思想についての論考や、高野長英や柳宗悦などの先覚者からストリッパー・一条さゆり論まで、評伝も数多く書いた。

鶴見は、哲学は学問ではないという。そして、「なんとかして哲学が、われわれの歩き方、すわり方、とまで交流するようなところまで持ってゆきたい」という。哲学における「概念くだき」(これに対応するのが教育における「学びほぐし」だ)をするなかで、哲学は、「哲学的問題に関する物理学者のメモ、歴史家のメモ、人類学者のメモ、官吏のメモ、労働者のメモ、教師のメモ、病人のメモ、子供のメモなどの統合の場」として再建されるべきだというのだ。

ここにあるのは、哲学を構築するというのではなく、「現実ときり結んでいる人のやり方」から哲学を聴き、汲みとるという精神だ。そしてそのとき絶対に「自分をぬきにしない」こと。倫理を語るときも、生き物としての「殺しあいの史実」から、「存在としてのどうしようもなさ」から眼を逸らさないこと。この二つの「しないこと」が、鶴見の反哲学主義の思考を貫いている。

そういえば、鶴見のほぼ三〇〇年前に生まれたパスカルも、《哲学をばかにすることこそ真に哲学することである》と手元の紙片に書きつけたのだった。

坂部恵——精神の古層へ

坂部恵。しばらく前まで東京大学哲学講座教授、日本哲学会会長として、アカデミズムの中枢にありながら、ただ独りで、その台座を大きくずらし、この国の哲学を講壇からかぎりなく遠い場所へと離心させようとした人である。

が、知性の慎みというものをこの人ほど体現してきた人もまたいない。ここで慎みとは、世俗のはるか上空に飛翔して一つの論理ですべてを俯瞰するかのような傲慢をみずからにきびしく禁じるということであり、世界には一つの視点からは汲みつくしえない深淵があるという畏れの感覚のことである。そういう慎みをもって、わたしたちの生の内奥に、静かに、そして他のだれもふれたことのない深みにまで下降していったのである。

アカデミズムのなかで、坂部はまずはカントの研究者として出発した。カントをその象徴の一つとする近代的な理性を擁護するのでも否定するのでもなく、それに別の理性を対置するのでもなく、さらにそれを歴史的なものへと解消するのでもなく、理性をあくまで非理性の翳りのなかで見る、そのような場所からカントを論じて、学界の注目を浴びた。『理性の不安』（勁草書房）と名づけられたその著作のなかで、坂部は、近代理性が世界の「根拠」をみずからの内に取り込むことで、逆に「根拠」との関係が根こそぎ喪われてしまうという、時代のそうした不安が集約的にあらわれる場所として、カントの「純粋理性」をとらえたのだった。

消失、崩壊、不在を内に深くため込んだ現実世界のかたどり。坂部はそれに深く共振しながら、しかしどこまでもクリスタルな論理で読み解いてゆく。それをもし「垂直」の思考と呼ぶならば、「垂直」とは、同一性をたえず揺るがすもの、つまりは在と不在、生と死、理性と非理性、語りと沈黙、意味と無意味の、後項を地とする相互浸透的な関係であり、さらにはそのような関係の重なりである。そしてそれを読み解く坂部の論考には、存在論的詩情とでもいうべきものが色濃く漂う。

それを分析するにあたって坂部は、西洋の哲学者たちがつねにそうしてきたように、人びとによって使いならわされてきた市井の言葉を手がかりとした。そしてそのなかで、世界のかたどりの原型となるものをとらえようとした。「おもて」「かげ」から「かたり」「ふるまい」「しるし」、さらには「うつし」「ふれ」「もどき」といったひらかなの言葉のなかに、である。

いわば幽明なる相においてしか現われ出てこないものをとらえるには、錯綜した意味を幾重にも積層させ、しかもそれらの意味をたえず反転させる大和言葉の不安定さを手がかりとする必要があったのだろう。あるいは、それでもって坂部は、わたしたちの共同的な無意識とでもいうべきものにどこまで測鉛を垂らしうるかをつぶさに験そうとしたのかもしれない。いずれにせよ、『仮面の解釈学』(東京大学出版会)や『ペルソナの詩学』(岩波書店)などの著作とともに、わたしたちはこの国ではじめて、翻訳語でない言葉で哲学するすべを手にしたのだった。

この大和言葉を手がかりとした思索は、けっして日本回帰をもくろむものではない。それはむしろ、わたしたちの精神の古層を触診するなかで、現代人を支配する平板な観念の覆いを切り裂くものであって、だからそれは、わたしたちの精神にも深く流入している西洋精神の平俗な解釈を破る仕事にもそのまま接続されうるものである。坂部はそのために、この国のどの哲学史家もたどりつけないような広くて深い展望のなかで、西洋精神史のとらえなおしを試みてきた。西洋近世の「正統」とその「バロック的」な地下水脈ととんがった現代思想の三層をまるでジェットコースターのように往き来する、『ヨーロッパ精神史入門』（岩波書店）『モデルニテ・バロック――現代精神史序説』（哲学書房）など近年の仕事には、はてしない奥行きがある。こういう仕事を坂部は、九鬼周造や和辻哲郎のこれまた奥行きのある評伝と並行して書き継いできた。

坂部は、「魂なき専門人」（マックス・ウェーバー）たちの論文が群れるなか、ひとり、哲学に血を通わせることを試みた。あるいは、哲学の領域にこれまでとは異なる音域をつけ加えた。言葉の培養地に帰ることで、精神の歴史を読み解くというかたちで。

補遺 〈垂直〉の語り

ある人が書き下ろしたどんな短い文章にも毛羽立ってしまい、その言葉につきあわせてみずからを検証する……。わたしにとって「坂部恵」とはそういう存在であったし、いまもそうでありつづけている。

人を思考へと、そして歌へと、駆るものはなにか。それはおのれという存在の底を侵蝕するある〈喪失〉であり、〈へだたり〉であることを、わたしは坂部恵の書き物をとおして知った。わたしが何かを喪うというより、逆に〈喪失〉の傷としてこそ「わたし」が生まれるということ、したがって「わたし」そのものがすでにひとつの〈空洞《ほら》〉もしくは墓標としてしか存在しえないこと、このことをわたしは坂部恵の書き物から学んだ。

初期の論考なら「ことなり」、比較的近年の書き物なら（頻出するというわけではないが）「垂直」、その二つの言葉が折にふれて喚びだされる。「ことなり」とは、差異であり、事成り、つまりは事態の生成である。「垂直」とは、在るもののあいだの関係ではなく、在と不在、生と死、意味と無意味のあわいであり、さらにはそのようなあわいの重なりである。その意味で坂部の見さだめようとするところはつねに「あらわれ」であり、「あらわれ」としての「しるし」（兆・徴・標・験・記・印）の諸相であった。

現象学という、坂部恵の拠る場所とはすこし離れたところから出発したわたしにとって、厚みと儚さとをあわせもったその「あらわれ」（現象）の記述は、日本語で書かれたどの現象学の論文よりも、もとめているものに近かった。クリスタルなまでに清澄な論理と目のつまった絨毯のような濃密さは、現象学的な記述がまず身につけるべき作法のようにおもわれた。

たとえば、現象学の、それも真理論や社会存在論とでもいうべき文脈で「究極の根拠」の不在という事態を突きつめようとしているときには、〈根拠〉をもみずからの内に取り込み、〈根拠〉があまりにも近くなりすぎたことで逆に〈根拠〉との関係を根こそぎ喪ってしまうという、そんな時代の不安が集約的にあらわれる不在の場所として「純粋理性」をみる『理性の不安』（勁草書房）が、そしてその切っ先をさらに尖らせた『「ふれる」ことの哲学』（岩波書店）におけるカント論の数々が、前にあった。

「トランスツェンデンタール」（超越論的）ということの意味を問おうとしたときには、それが認識論や存在論の問題であるだけでなく、われわれがはたして「二つ眼の市民」になりうるかという社会的な問いでもあることを諭された。のちにも述べるが、坂部における文体の問題とも併せて、この諭しは、わたしが「臨床哲学」という際物っぽい表現でいささか焦りぎみに「哲学」の原点回帰を試みたときに、その背をぐいと押したのだった。

さらにまた、わたしが〈他者〉論や〈顔〉論を構想しているときには『仮面の解釈学』と『ペルソナの詩学』が、感覚について書こうとしているとき、そしてはじめて国家について論じようと試みたときには、「ふれ」をめぐる論考が、前にあった。そして近年、『ヨーロッパ精神史入門』と『モデルニテ・バロック――現代精神史序説』がそうであるように、この国のどの哲学史家もたどりつけないような広くて深い展望のなかで、わたしがこれまであえて「反哲学的」な趣味のなかで愛読してきた西欧の書き手たちがじつはヨーロッパ精神史をかたどるひとつのたしかな水脈として千年の規模で探り当てられているものに連なるものであること――もちろん見落としていたもののほうがはるかに多いのだが――をあらためて告げ知らされ、こうした精神史の読みかえを系統だってたどろうにももう時間が足りないと、こんどは茫然としている。

いまあらためて坂部恵の書き物を一堂にならべておもう。閉じた弁証法よりは、開かれた解釈学、両義性やアンビヴァレンツの思想、構造主義や精神分析の精緻な方法にシンパシーを隠さない〈見えない媒介〉の思想であると、勝手に思い描いていた坂部の思考が、それ以上に、儚さの彩り、というか幽明の境位、あるいは不在にふれる感覚、そしてカタストローフとエクスタシスの感覚に、しっとりと染め上げられていたことを。フムス（腐植土）としての人間のつつしみが、時代から、あるいは個人から喪われてゆくことへの落日の感覚が、さらにこれに覆い被さるように色濃く漂う。ちなみに、不在への感覚は他者、そして過去への感覚でもあり、いつかどこかで坂部は「これからあとはなんびとかの伝記を書きたい」と漏らしていたように記憶する。

で、文体の問題である。文体は装飾ではない。現実の重層性、さらにはその汲みつくしがたさをおもうとき、ある固有の文体でしか表現できない局面というのがあるはずだ。哲学における分析と記述が、それを導いている枠組みや仮説そのものの検証とともになされるべきであるとしたら、分析や記述は、絨毯のような目のつんだ濃やかさをもって、まるで愛撫するかのように対象に寄り添い、ときにはそれを切り裂きすらしながらなされるべきである。この文体でしか表現できないものがあるということは、だれにもまして言葉に敏感な詩人や思想家の仕事では特別なことではない。緻密にとらえるためにはうねるような長文でしか語れないこともあれば、断片のかたちでしか突きとめえないものも、ときには文法を歪ませることによってしか正確に語れないものもあるし、ときに歌うことでしかふれえないものも当然ある。

坂部は『不在の歌』（TBSブリタニカ）のなかで、九鬼周造が哲学者としてはまことにめずらしく、女声を語りの人称とする「たをやめぶり」の書き手であったというが、その言葉はそのまま坂部に戻されるべきであろう。いや、それよりはロラン・バルトのいう「中性的」な文体だと言うべきかもしれない。「中性的なもの」、それは「意味のパラディグム的で対立的な構造をたくみに避けるか裏をかいて、そうして言説の対立要因を一時停止させようと目指すような抑揚の変化すべて」であると、バルトはいう。この定義がいささかペダンティックに響くとすれば、そのすぐ後で語られる二つの区別を引いてもよい。

「言説の葛藤的な形態をしめすもの（断言、形容詞、怒り、傲慢、など）」にたいしてバルトが対置するのは、「葛藤を中断する状態や行動をしめすもの（好意、疲労、沈黙、繊細さ、眠り、揺れ、後退、など）」である。「中性的なもの」とはこの後者のことであり、これは（バルトが別の著作で書いているところによれば）「世論」「多数派の精神」「プチブル的なコンセンサス」「自然らしさの声」「偏見の暴力」といった「ドクサ」の諸様態の対極にあるものだ。坂部の声はバルトのいうまさにそのような意味で「中性的」である。

坂部の書き物では、感覚的なものにこそ結晶のように冷たい論理が差し込まれる。とりわけふるまいとかペルソナの分析、そう、坂部が「詩学」と呼ぶものにおいては。

「灰色の」と『ファウスト』のなかで形容された、あるいは九鬼周造が歌のなかで描写した「概念」をつなぐのは、坂部のばあい、ほとんどひらかなである。主語のかたどりを揺らめかせる「あらわれ」の述語的世界にかぎりなく寄り添おうとする文体であるともいえるし、言葉をその足下から彫琢《ちょうたく》していこうと、「おもて」「かげ」から「しるし」「ふるまい」「ふれ」まで、「かたり」の幽明さを手放すまいという矜持からそれはくるのかもしれないし、斜め oblique に、あるいはかげろうの

よう éphémère にしか現出してこないものをとらえるにはたえず裏返るやまと言葉の不安定さがどうしても必要だからかもしれないし、さらにはわたしたちの共同的な無意識とでもいうべきものにどこまで測鉛を垂らしうるかをつぶさに験しているのかもしれない。

論理の肌理、それへの感覚が、坂部の思考にしなやかな強靱さと浸透力とでもいうべきものを備えさせているのだろう。哲学は、(フロイトやアルチュセールの物言いに沿っていえば)重層的に決定された現実を言葉で抉る、あるいはそれに言葉で拮抗しようとする試みであり、それにもちこたえられるよう言葉をたえず鍛えつづけるいとなみでもある。そのもっとも美しい見本がここにある。

2　ためのある思想

対話としての読書――三木清『読書と人生』

本書の原版『讀書と人生』は、昭和一七年（一九四二）の六月に小山書店から刊行された。このとき三木清は四五歳。敗戦の日から四二日後に獄中で亡くなるその三年前に世に問われた書である。思想的な思いを気ままに書く自由をすでに奪われていた三木をおもうと、「時代に抵触するものを省いた」本書は、痛恨ながら「いくつかの重大な欠落をふくんでいる」とは、昭和四九年（一九七四）一〇月に刊行された本書の新潮文庫版に「解説」を寄せた山田宗睦の指摘するところである。「時代に抵触するもの」とは、「天皇制絶対主義」への批判であり、西欧マルクス主義の思想的評価であった。だからだろう、「学燈」や「学生と読書」、「図書」や「文藝春秋」などに寄稿した文章を集めた本書は、表面的には、若者へ向けての平易な読書入門として、三木の書き物のなかではかなり穏やかな語りぶりとなっている。

読書論という体裁をとっている本書は、「教養」と「哲学」について多くの頁を割いている。けれども「教養」ということについても、いわゆる大正教養主義から「文化」の思想、ヒューマニズムへと変容していった「教養」の思想とは一線を画す。そこに内蔵されていた「政治というものを軽蔑して文化を重んじる」文化主義的な傾向を醒めた眼で見ており、それらを福沢諭吉をはじめとする明治の教養思想への反動としてとらえている。しかし、「文明」に対し「文化」(クルトゥーア)を偏重したドイツの「教養」主義に対抗しながらも、昭和一六年時点としては次のように書くのが精一杯だったのだろう。――「この教養の観念はその由来からいって文学的乃至哲学的であって、政治的教養というものを含むことなく、むしろ意識的に政治的なものを外面的なものとして除外し排斥していたということができる」(「読書遍歴」、昭和一六年)。

「政治的教養」の何たるかを直截《ちょくせつ》に論じることを控え、三木はここで「教養」の基本が「哲学」にあると言う。もっとも基礎的なもの、根源的なものへの問いへと収斂してこない知識の断片は、時代の上辺をなぞるだけだ、と。「実用」書のたぐいはだめ、大衆に向けた「修養」論のたぐいもだめ、という旧制高校的な「教養」主義、そこに三木は、明治以来の国家エリートに対して文化主義もしくは人格主義的な立場から「教養」を謳う文化人の(反逆というよりもむしろ)ルサンチマンを見ている。いわば高みに立って全体を見下ろすそうした上空飛翔的な思考ではなく、「根源」あるいは「究極」へと下降しようという哲学の精神、つまりは「源泉から汲もうとする」姿勢、「特殊的なもののうちに普遍的なものを見る眼」としての哲学的精神を対抗的に立てている。

三木がたとえば、概念の伽藍を構築しようというのではなく、論文を書くためにでもなく、「ほんとうに哲学することの困難を知るために、もっとフランスのものが読まれることが望ましい」と書きつけるとき、漱石門下の人たちがケーベル博士の強い影響を受けて称揚したドイツ的「教養」の観念、つまりは政治と経済を侮蔑する「教養」主義を、三木は文化批判の衣《きぬ》を借りて政治的に揶揄していたのだろう。

三木の筆が怖いもの知らずといっていいほど勇躍しているのは、だから、巻末に付録のように収められているが、じつは本書収録の文章のなかでもっとも早い時期に書かれた「消息一通」(一九二四年)だ。一般読者というより、学者や読書人を対象とする岩波の雑誌「思想」に書かれたものだから、この文章だけは、細かい説明は抜きに、同時代に欧州の思想が立ち向かおうとしていた問題を、鼻息が荒いといいうか、啓蒙的に易しく書かれた読書案内の文章よりは硬くてものびやかな文体で論じている。

文体だけではない。ハイデルベルク大学では、当初リッケルトに付いて哲学の修業をするはずが、哲学／非哲学の境界を丸々呑み込んでしまうかのように大きく跨ぎ越すジンメルやマンハイムに、マールブルク大学に移動後は、哲学の新しい地平を切り拓きつつあったハイデガーやレーヴィット、それに若きガーダマーらのまわりに兆していた新しい哲学の胎動にあおられてか、思考そのものがひどくのびやかである。既定の学問の諸領域を軽々と横断し、時代の学問と思想の根っこにある問題を浮き彫りにすべく試みたその文章は、まるで数十年後の哲学の論争（「イデオロギー批判」対「哲学的解釈学」）を予見するかのような空気がむんむんしている。たとえば、「クリティクとヘルメノイティクとを理解することが、歴史的意識の作用、歴史的認識の方法を理解する上に根本的な意義をもっておるように感じられます」というふうに。

ドイツに留学しほぼ一年を経て書かれた「消息一通」という三木、二七歳の文章には、のちに『構想力の論理』（岩波書店）で提示されたような、パトスの論理、神話や制度、技術や社会的身体といった論点についての萌芽的な発想すら読み込めるところがあり、その意味でこの文章には三木の仕事を解釈するうえでの資料的な価値もある。ちなみに、これら晩年の思考の論点の多くは一九七〇年代以降、中村雄二郎によって新しい装いのもと引き継がれた。

さて、読書論である。ここで注目すべきことの一つは、「読書は技術である」という視点、したがってまた「本を〔道具と同じように〕使う」という視点であろう。これは読書の方法が「主体化され、個別化されて」「身につく」ということが肝要だということだ。概念の伽藍を構築しようというのではなく、論文を書くためにでもなく、「ほんとうに哲学することの困難を知るために、もっとフランスのものが読まれることが望ましい」と三木が書きつけていることは先にもふれたが、歴史においても人生においても、そこに測鉛を深く垂らすためには、論理の緻密さに経験の厚みと直感の深みとが加わらなければならない。本書には収めていないが、のちに「哲学ノート」（一九三九年）のなかでレトリック（修辞）という価値の復権を説いて、「自己の魂のうちに深い混沌、闇を湛える者にして初めて、何が明晰であり、何故に明晰が求められるか、を真に理解することができる」というのも、このことを言っている。だからこそ、「直観も訓練によって育てられるものであるということと、その訓練は論理的訓練にも増して厳しいものであるということ」（「哲学はどう学んでゆくか」、一九四一年）を肝に銘じなければならないというのである。

そういう議論を踏まえたうえで、三木の読書論のなかでわたしがもっとも惹かれた文章を挙げるとすれば、次のような一文になる。

哲学において重要なのは、物の見方であり、考え方であり、方法である。結論でなく、過程が、方法が特に大切なものであるところに哲学的啓蒙の特殊な困難がある。然るに方法は、その方法が生きて生産的にはたらいているところにおいて最もよく学ばれ得るものであ〔る。〕……科学としての哲学の理念と共に教育としての哲学の理念をたてたところにプラトンの偉大さが忍ばれる。啓蒙的、教育的、指導的精神と云えば、何か嫌なものに感ぜられるかも知れないが、とにかく、ひとに呼びかけるといったところが偉大な哲学には含まれているようである。そういうものの欠乏が哲学をむつかしく思わせているのではないか。独語的な哲学はむつかしい。（「哲学はやさしくできないか」、昭和七年）

哲学が「独語」であってはならないということの指摘は、哲学がそのとば口で「むつかしい」という印象を与えて人びとを哲学から遠ざけてしまう、その理由を示している。この国の哲学書が漢語だらけの生硬な文章で書かれているのは、その思想が難解であるからよりも、このことをだれかにどうしても伝えたい、呼びかけたいというふうに宛先がつよく意識されていないからである。哲学のそういう独りよがりを、三木は危ぶむ。

読書は対話である。あまりにもあたりまえのことであるが、最後にわたしが考えるこのことの意味を、（もし三木が生きていたらという仮想のもとでいうのだが）かれに後押ししてもらっている気持ちで書いておきたい。

読書というのは、じぶん以外の人の書き物にふれるなかで、じぶんが打ち砕かれる経験である。おなじものを見ながら（わたしとはちがって）こんなふうに感じ、こんなふうに受けとめる人がいるのか、あるいは、おなじような体験をしながらそれにこんな問いを向ける人、こんな問い方をする人があるのか……という経験である。そしてそうした別の捉え方、別の問い方にふれることで、じぶんがこれまで抱えてきた問題、じぶんがそこに溺れていた困難が、ぐいと別の問題、別の困難にずらされる、あるいはそれらがもっと見晴らしのよい場所に置かれるようになる。要するに、読書をとおしてわたしが別の眼をもつようになること、ここに読書が対話であるゆえんがある。そういう経験が深ければ深いほど、わたしは以後、まずは、その人が感じ、考えるようにしか考えられなくなる。まるでわたしの細胞がぜんぶ入れ換えられたかのように。そういうふうに更新されたわたしの眼はまた、別の書物との出会いのなかでさらなる変容を経験してゆく……。

これはじつは、過去の著者の書き物、あるいは同時代を生きていても会ったことのない著者の書き物についてのみならず、いままさにわたしがだれかとしている語らいや議論においても起こることである。わたしがこれまで研究会や「哲学カフェ」などで経験してきたことだが、話も終盤にさしかかって、「これだれの意見だったっけ……」と意見の発信人がわからなくなるというのが、いいディスカッションである。その意味で、読書は文字どおり対話なのである。

読書は、ひとりで集中してなすもの、自己のうちに沈潜するためになすものという思い込みがあるが、以上のように考えれば、読書でめざされているのが対話であることはあきらかだ。読書は、自己に閉じこもるためになされるものではなく、（著者という）他者との対話のなかにじぶんを開いてゆくためになされる。そのなかで、じぶんを揺さぶる、じぶんを他の視点から見なおす、そういう出来事が起こる。とすれば読書の場と議論の場とは、対話ということで通じている（最近、いくつかの図書館が、「静かに」という声に抗して、読書室・自習室と隣り合わせに対話やカンファレンスの部屋を併設しようとしているのは、正しい試みだとおもう）。

読書は、さきにも述べたように、まずはじぶんが打ち砕かれる経験として始まる。そしてそうした打ち砕かれと更新とのくりかえしのなかで、これまでの人生でじぶんが依拠してきた自己理解の《初期設定》が書き換えられてゆく、あるいは同時代の歴史理解の《フォーマット》が差し換えられてゆく。ときには少しずつ、ときにはごそっと。本文中で三木は、「多くのことを考えさせる本が善い本」だと書いているが、それをいいかえれば、ある体験、ある出来事について問いを重ねるとき、いったいどれだけ多くのコンテクストをもちうるかというところに、「教養」

の意味がかかっているということでもある。

思想史研究の凄み——上山安敏『フロイトとユング』

この本には、ある夢の思い出がこびりついている。わたしが見た、ここでわざわざ書くのがためらわれるほどの、滑稽な夢である。

わたしは四階建ての新しいビルのようなところに住んでいた。壁の仕切りもないがらんどうの実験棟のような家である。家族もいたが、何かの用でばたばたしていた。そこへ次から次へと二二人の客がやってくる。食事の準備をと、冷蔵庫の具材を使ってにわか料理をし、それでもとても足りないので冷凍食品を使い、さらにそれでも足りないので店屋物を注文する。皿も足らない。納戸に片づけてあった皿も出してきて、拭いて使うが、なかなかに大きな皿が見つからない。惣菜が皿から溢れる。出しても出してもすぐに客の皿は空になり、手（口？）持ちぶさたなのであろう、椅子に深く腰かけた客のあいだにはどろんとしただるい空気が漂っていた。客のなかに老芸術学者のT氏と、見知らぬ面々がおられた。じつはミシュランのような隠れ調査で、わたしの料理の審査に来ておられるのだった。T氏は業を煮やして台所に入ってこられ、冷凍ものの中華料理の魚の処理のしかたに苦言を呈されたあと、あきれて別の棟に向かわれた。店屋物がやっと届いたときは、時すでに遅かった……。

汗まみれになって眼が醒めたのだが、なぜこんな夢を見たのかと考え、思い当たるのはこの本しかなかった。巻末に掲載された膨大な参考文献を一つ一つ確認しながら、上山安敏『フロイトとユング』(岩波書店)を十数日読みつづけていた、そのさなかのことだった。

それほどこの本は、わたしを焦らせた。当時何にそんなに焦っていたのか、記憶にはない。が、わたしをそんなにひどく焦らせる原因の一つがこの本にあったことはたしかな気がする。調べられるものはすべて調べつくし、調べながら仮説をいくつも作っては相互に照合し、さらにそれらに修正を加えてゆき、最後は巨大で複雑に入り組んだ思想の地下水脈を立体的に、重層的に描きだす……。それをひとりの頭のなかでやり通す。過去の思想について何かを書くことへの畏れとでもいうべきだろうか、この本を読んで、調べつくす、考えつくすというのはこういうことかと震撼し、駆け出しのわたしなんぞにはまったく歯が立たないと思いさだめかけたのだった。

もうすこしだけ、思い出話をお許しいただきたい。そのすこし前に、思想と芸術における《純粋主義》について調べていた。二十世紀の最初の四半世紀に、学問と芸術のさまざまな潮流のなかにくっきりと浮き立ってきた《純粋主義》の動向についてである。

動機の発端は、フッサールの「純粋意識」とウィリアム・ジェイムズの「純粋経験」、ベルクソンの「純粋持続」といった、独・米・仏で同時多発した《純粋》のトリアーデの思想史的な意味を探るというところにあった。ところが、《体系》のかたちにばかり囚われる哲学徒の知的な幼さというか、この問題は哲学史の文脈だけでは解けるものではなく、その背景にあるもっと大きな《純粋》の系譜にその問題を置きなおさないといけないことに、遅ればせながら気づいたのだった。

フッサールの「純粋論理学」と「純粋現象学」、ケルゼンの「純粋法学」、シュムペーターの「純粋経済学」にはじまり、「純粋数学」までを含む学問の《純粋主義》、もう一方には、ヴァレリーの「純粋詩」、ジイドの「純粋小説」、モンドリアンの「純粋造形」にはじまり、チボーデの「純粋批評」、デュラックの「純粋映画」、アルトーの「純粋演劇」、さらには「純粋音楽」やら「純粋彫刻」へと連なる芸術の《純粋主義》。これら《純粋》への志向が、ひょっとしてワンダーフォーゲルに代表される当時の青年運動における心身の衛生意識（清浄・清潔という意味での純化）や、のちのナチズムにおける純血主義（排除・粛清という意味での純化）などと、パトスとしてなにか内的な結びつきがあったのかが、とても気になっていた。

そのようなときに、『世紀末ドイツの若者』（三省堂）という上山安敏さんの著作に出会った。そこでは（まるでわたしの未熟な問題提起を先回りするかのように）、ワンダーフォーゲルは、ヒットラー・ユーゲントで極点に達するドイツの青年運動の系譜の起点に位置づけられることがしばしばあるが、そこからはスペインの国際旅団に義勇兵として参加した者、強制収容所に送られた者もいるし、さらにその同時代にはウィーンのカフェに集う「若きウィーン」派、ミュンヘンのシュワービンクにたむろするボヘミアンたち、スイスと北イタリアの国境沿いに菜食主義と裸体主義と神智学のコロニーを建設した若者たち、ハイデルベルクやライプツィヒといった大学町の青春などもあったと詳細に論じられていた。「ドイツの世紀末から一九三〇年代に至る心性を読みとることの難しさ」がつとに強調されていた。

先の着想から、こんどは現代における体液の浄化（デトックス）への強迫観念、あるいは当時の日本における清潔シンドローム（「朝シャン」など）や「純愛小説」の流行などへも連想を拡げ、さらにはフランス語の「プロープル」が所有・固有と清潔という意味を併せもつことから（近代の）所有権の問題と清潔という観念との隠れた連繋にまで議論を拡げようと意気込んでいたわたしは、上山さんのこの本を読んで鼻っ柱をがつんと凹まされた気になった。そしてその後、「所有」の概念と「清潔」の観念との連繫にはさらに「方法」の理念が絡んでいるのではないかと、いまだしつこく問いを手放していなかったわたしが次に出会ったのが、上山さんのこの『フロイトとユング』だった。

フロイトとユングを二極とした《精神分析》の誕生と生成には、みずからの野性を抑圧してきた西欧文化の総体への深い疑念が根底にあるとか、西欧の発明したもののなかでも西欧的精神そのものにもっとも根本的に背馳《はいち》するものの一つだというような指摘がよくなされてきた。けれども精神分析の歴史が十九世紀までの東欧をも含む西洋精神史のどのような地下水脈に繫がっているか、同時代の西欧思想のどのような動向にいやでも枠取られているか、当時のどのようなアカデミックな制度(たとえば医局の体制)や人脈のなかに絡めとられていたか、などについての上山さんによるそら恐ろしいまでに緻密な追究にこの本でふれると、しばらく《精神分析》について易々とは語れなくなった。

ウィーンの世紀末文化におけるフロイトの(出自とも関連する)特異な位置、ユダヤ神秘主義との関係、若き日の学術的な視圏、マッハ主義(関係論)といわれる当時の超領域的な思想運動や獲得形質の遺伝をめぐるラマルク主義、同時代の流行現象であったオカルティズムとの位置関係についての慎重な確定から始まって、ケルゼンの法学との至近距離にありながらも不協和音に終わった思想関係、悪魔崇拝の昏い歴史の触診、形態学《モルフォロギー》や神智学や心霊研究との関係、さらにその心霊研究をとおしての（学説的にはなんの影響関係も見いだされない）ベルクソンへのフロイトの精神的連帯まで、同時代の思想動向が語られる。とりわけ「心の考古学」、つまりは人類の古代的な心的痕跡／元型をめぐるフロイトとユングの確執については、背後にユダヤ宗教社会の分裂や、人類学、発生学の国際的なネットワークを巻き込んでのフロイトとユングの亀裂があったこと、そしてそれが世紀末から三〇年代にかけての西欧の巨大な思想潮流の「うねり」のなかに確実にあったことが、本書の後半部で詳しく展開されている。

同書の仕事の輪郭と執筆のモチーフについては、「あとがき」のなかで著者自身が明確に語っておられるので、わたしがここでこれ以上贅言《ぜいげん》を弄することはない。それでもあえてもう一言つけ加えさせていただくなら、著者も指摘しているように、過去の偉大な作家の自伝のうちに「隠された記憶」を嗅ぎとる天才であったフロイトは、同時に、自身の過去を隠蔽する「知能犯」でもあった。その隠蔽の跡をたどり、さらにフロイトとユングの《精神分析》に流れ込んでいる昏くて複雑な地下水脈を執拗なまでに詳細にたどる上山さんがこの研究でなそうとしたのは、《精神分析》の精神分析なのではなかったかとおもう。

〈知〉と〈精神〉の地下水脈をたどる仕事の法外さをいつも突きつけられるのが、上山さんの歴史研究である。とにかくとことん調べる。だからその限界も見えてしまう。とことん探りを入れた人にしか言えない、限界に突き当たったことの吐露にも、この本で何度か出会う。思想史の地下水脈を追跡するというのは、どれほどの文献を渉猟したところで、最後はひとりの頭のなかではじめて描きだされるものだとおもう。それをやり遂げる上山さんの仕事の凄みにわたしはいつも圧倒される。文面の背後にはすさまじい文献渉猟の時間が、そして桁違いの知的想像力が透かし見える。じっさい、ときに推理小説を読んでいるかと錯覚しそうになるほど臨場感のある文体に唸ってしまうこともある。

心の底から震撼させられた仕事など、そうそうあるものではない。そしてその数百歩後をおぼつかない足どりでよちよち歩きしているじぶんに深く失望する。あれほど奇天烈な夢を本書を読むさなかにわたしが見たのも、きっとこの凄みにふれてわたしの精神がひどい火傷《やけど》を負ったからとしかおもえない。けれども、上山さんがその地下水脈を複雑な地図として描いてくださったおかげで、わたしはのちに、あくまで哲学史という狭い文脈のなかでしかないが、現代哲学におけるフロイトの精神分析の位置について、小さな文を草することができた。そのことも、上山さんへの感謝とともに、そっとここに書き添えておきたい。

いのちの昏い歴史——三木成夫『胎児の世界』

じぶんのからだというものがまぎれもなく一つの生きものであることと、わたしたちはふだん、どこまでまともに向きあっているだろうか。何かをするとき道具のようになってくれたり、逆に言うことを聞いてくれなかったり、いつもはその存在すら意識しないのに、たまにえらく激しくストライキを起こしたり。そんなふうにわたしたちは、からだを、そして生命を、「わたし」の台座のようなものと考えている。「わたし」という存在そのものがまぎれもない「生命」であること、いや底をのぞき込むのも怖いほど深い生命のその一部であることを忘れている……。

中年の域に入ったころだろうか、三木成夫《みきしげお》の『胎児の世界』(中公新書)という本を読んで、そんなふうに頭をがつんと撲《ぶ》たれた。

一九二五年生まれの三木成夫は、かつて東京藝術大学の教授として、美術解剖学を担当していた。日比野克彦さんが、東京藝術大学で受けた授業のなかでは群を抜いておもしろく、ずっと出席していたと、どこかで書いておられるのを目にしたこともある。

三木みずからが回想するところによれば、講義の最終回はこんなふうに始まる。受胎一ヵ月ほどした胎児の顔のスライドが日を追って順に映されたあと、その胎児が子宮内で聴いていたはずの血流音が講堂いっぱいに響きわたる。みずからが胎児であったときの羊水の振動音、ザーザーと唸りたてる母親の血潮のざわめき、さらには時をうんと隔てて、陸に上がった遠い祖先が果てしなく聴きつづけた波打ち際の潮騒の思い出へと、学生たちをいざなうのだという。

胎内にいたころの思い出はひょっとしてからだの片隅にひょんなかたちで蓄えられているということはありうるにしても、どうして遠い祖先が聴いた潮のざわめきにまで思い出はつながるのだろう……。

三木のもくろみはまさにそこにあった。「胎児は、受胎の日から指折り数えて三〇日を過ぎてから僅か一週間で、あの一億年を費やした脊椎動物の上陸誌を夢のごとくに再現する」。真一文字に裂けた口、顔の両端にある眼、そう、古代の魚類や爬虫類の顔から、やがて獣の顔へと刻々変化する〈顔〉を、三木は、中絶の手術で得られた胎児から復元する。

これらはわたしたち自身の一生のなかにある歴史である。わたしたちはいのちを得てしばらく、からだの孔という孔が羊水で満たされ、その羊水がわたしたちのからだをいわば濾過装置としつつ環流する。わたしたちの祖先ではなくわたしたち自身が、母親の胎内で、太古の海の鰓《えら》呼吸のようなことをしていたのだ。そして、「あたかも生命の誕生とその進化の筋書を諳《そら》んじているかのごとく」に、生命の一億年の歴史を生き抜く。この過程を憶えているのは、わたしたちの意識ではなく、からだじゅうの原形質のほうなのだ。この昏い記憶が、わたしたちの意識の狭さ、おぼつかなさ、そして不遜を焙《あぶ》りだす。

羊水のざわめきと古代の潮騒という二つの思い出は、こうしてつながる。

本はといえば、椰子の実、妻のお乳、そして玄米の、いわば味以前の味にふれるところから始まり、母胎のなかで生命進化の全過程をたどる胎児のその「おもかげ」をたどりながら、生命の深層に蓄えられた生命の記憶に迫るのが前半。後半では、内臓の波動から岬の波打ち際まで、あるいは睡眠と覚醒の波、食と性の波まで、波模様のようないのちのうねりが説き明かされる。

わたしたちの内臓部は、「アンテナの届かぬ遠い宇宙空間の天体運行と」同調し、共振している。春の緑の田が秋に「黄金の波」に変わるように、動物においても、腹腔が子種ではち切れそうになる性（種族保存）の時期と、腹腔がぱんぱんに膨らんだ消化管ではち切れそうな食（個体維持）の時期とが、きっぱりと位相を分け、交替する。たとえばサケなら、稚魚になると川を下り遠く南の餌場に向かう。ここで腹を満たすと、こんどは一気に海洋を逆戻りする。「腹中の卵巣と精巣はひたすら成熟をつづけ、河口に着くころはそれらがお腹に充満して腸は押しつぶされ、河をさかのぼるときはもう飲まず食わずとなる」。そして産卵・放精ののち、死に絶える。

ところが、そういう周期的な現象、つまりは生命のうねりの波模様が、人類においてはほとんど失せてきている。いまや人類は、そういう律動を失い、食と性という「二足の草鞋」をはいて生きだした。「〝食い気〟も〝色気〟ももはやごちゃ混ぜ」。生命の箍《たが》が外れて、果てしのない技巧が食と性を貫通する。けじめはかろうじて、女性の月経周期にわずかにその「残り火」を見せるだけ。それでも、卵巣は、腹腔という漆黒の闇のなかでたしかに月齢を数えていると、三木はいう。

「わたし」よりももっと古い「わたし」？「わたし」が「わたし」の知らないこうしたプロセスに負ってかろうじてこの「わたし」でありえていることは、何度反芻してもしすぎるということはない。それほど「わたし」たちは昏くて深いのだ。昏く、深く、他の生命の記憶とつながっているのだ。

でかい人——梅原猛『少年の夢』

京都には九〇を超えていまも、世に痛烈な異見を述べ、さらに本も続々刊行する、「巨像」ともいうべき「怪物」が三人おられる。その人が次にどう発言するか、次にどんな行動に出るか、気になってしかたがない御仁である。九三歳の瀬戸内寂聴さんと鶴見俊輔さん、そして今年（二〇一五年）九〇になられた梅原猛さんである。鶴見さんはしかしこの夏ついに逝かれた。

梅原猛さんの下でわたしはじかに学んだわけではない。けれどもおなじ哲学科の出身ということで、若いころからいろいろ声をかけていただき、とくに哲学の現状に異を唱えて行動を起こしたようなときには深く励まされた。背中のほうからぐいと支えられる、縮こまっていたらきつく囃し立てられるといった経験をした人は、わたし以外にも数多くいるはずだ。

京都は大きな町ではないが、学者、芸術家、宗教家、学生がうようよいるので、思いもよらないところで「大先生」の謦咳《けいがい》に接し、あわよくば談笑させていただくことがよくある。この「大先生」にも酒席でお話ししたのが最初であった。研究会のあと流れて入った酒場で、である。先生と親しいこれまた「大」先輩が電話で呼び出したようだった。

「大先生」というのは、学会の重鎮、講座の首領といった人のことではない。世の習いを超えてそのうんと〈外〉を見つづけ、そしていつもそこから発言してくる御仁のことだ。イクストラオーディナリー（extraordinary）、直訳すれば「超常」の人である。「奇人」と訳すこともあるが、物差しが違う、立っている所が違うのである。そんな哲学者、数学者、物理学者、生命科学者などと、町で行き交う、酒場でふと隣り合わせるということが、京都ではめずらしくない。じぶんを、そして同時代を深く理解しようとするときに、いくつものそうした「超常」的な参照軸にふれられるというのは幸運なことだ。

いつだったか、ある講演会でたまたま数学者の広中平祐さんの隣に座ることがあった。広中さんは大きな封筒の裏に数式のようなものを書きつづけておられる。講演後、ちょっとお声をかけて何を書いておられたのかと訊けば（そんなことができる空気なのである）、講演の論旨を記号式に直して整理しているうち、講演よりももっとおもしろい論理が浮かんできて、それを突きつめたかったんだとの返答。何かに集中できるというのは、それ以外のものに気をやらないということ、他の一切を忘れられるということである。集中と放心は一つなのだ。

ふと先輩から聞いたこんな話を思い出した。その先輩は、人生のある相談事があって梅原さん宅を訪れたのだが、話を聴いてもらい、助言をもらっている最中も、テレビで大好きな相撲を見、なんと書きかけの原稿の続きを書いておられたという。集中と放心が一つだというのは、梅原さんにおいては、一度にいくつでも集中できるということでもあるのだ。

その二人の「大先生」に共通するのは、梅原さんの『少年の夢』のなかの文章でいえば、「いつも空想にふけっていましたから、学校の勉強はあまりできませんでした」ということ。広中さんは口癖のように、よく「ぼくは頭が悪いから」とおっしゃる。先生にそんなこと言われたらわたしなんぞはどうなるかとおもうのだが、受験勉強ができないから広島大学に二度不合格、しかたなく同時に受かった京大へ入ったとおっしゃる。梅原さんも中学受験に一度失敗、入った学校で落第もしている。お二人ともそれが傷になっていない、というか傷と言うに値しないものとしてある。もっと夢中になれるものがあったからだ。

が、梅原さんによれば、「夢を見る人間には、心に大きな傷を持っている人が多い」ということになる。「泣きどころ」とも言っておられる。とりわけ梅原さんが法然や円空を論じるときには、この傷がどうも相当に疼くらしい。梅原さんの場合、それはじぶんがどこから来たかということ。一歳で母を喪い、養父母の下で育った梅原さんの幼いころの傷が、九〇を超えられても腸を捻れさせるほど疼くのだろうか。

これでもかこれでもかというほど、じぶんの拠ってあるところを探究する梅原さんの仕事は、そのまま人類の拠って立つところのものへの問いにつながっている。

「脳死」判定や「派兵」や「原発」再稼働についても断固反対を明らかにし、東北の「復興」支援にも体のことを案ずる人びとを圧して駆けつける。だからその声をだれも他人事として聞くことはない。学問のない人の胸にもどんと響くものがある。そして九〇を前にしてこんどは『人類哲学序説』（岩波書店、傍点は引用者による）という本を世に問う。世阿弥全集の刊行にも踏み切る。梅原さんにとってこれらもっとも重大な仕事も始まったばかりなのだ。「どこから」にこだわりながらはたして「どこまで」行くのだろうと、仰ぎつつおもうばかりだ。

学問は、頭のいい人、世渡り上手な人にはできないというのが、この本の強いメッセージの一つだろう。ほんとうの「発見」をめざして新しい仮説を立てつづける、それは従来の学者たちをみな敵にすることだからだ。そして「子供のような素直な心を持っている人でないと、そういうふうにはひらめかないんです」とも、「将来、赤ん坊になるために、勉強しなければならない」ともいう。がむしゃらに一徹。もっと見晴らしのよい場所をひたすら求めつづけてきたのは、じぶんの「どこから」に納得したいという烈しい思いと、じぶんのいのちは悲しい人のためにあるとのこれまた烈しい思いとが梅原さんを突き動かしてきたからだろう。わたしたちが迷っているとき、縮こまっているときに、背中を押され、ときにやんやと囃し立てられたのも、そういう烈しさがなしたわざだとおもう。

補遺　梅原猛さんを悼む

日本古代学、基層文化論、そして仏教論、能藝論、さらにスーパー歌舞伎や小説の創作と、じつに幅広い仕事をしてこられたが、哲学が「本籍地」だとの思いは最後まで消えることはなかった。哲学会に早々と見切りをつけ、わが道を進まれた後でも、ちょうど『日本人の「あの世」観』（中央公論社）に収められた論考を書き継いでいるころだろうか、若手哲学者の研究会後の酒席にしばしば駆けつけ、後輩たちとの議論を楽しまれた。近年、残る時間でこれだけはと言っておられたのも、壮大な《人類哲学》の構想だった。

「でかい人」「懐の広い人」というイメージが強いが、わたしにはともかく「情に厚い人」という印象のほうが強い。わたし自身、関西の哲学界で孤立に近い状況にあったとき、笑みとともに背中をぽんぽんと叩かれた思い出があるが、それも、社会で蔑《ないがし》ろに、あるいは置き去りにされてきたものへの溢れんばかりのシンパシー（痛みを分かちあわんとの思い）の一つだったようにおもう。ときに瞼を伏せて憐れみ、ときに茶目っ気たっぷりに持ち上げる。人をついその気にさせるのに長けた、いい意味での「人たらし」であった。哲学徒だけではない。芸術家のたまごたちも、その煩悶のさなか、どれだけ気に懸けられ、背中を押されたことか。

「夢を見る人間には、心に大きな傷を持っている人が多い」。『少年の夢』のなかで梅原さんはこう書いている。八〇歳前後に書かれた大著『法然の哀しみ』（小学館）でも『歓喜する円空』（新潮社）でも、ふたりの心に幼くして刻まれた傷と生涯続いたその疼きへの強い共鳴から書き下ろされている。あるいは代表作『水底の歌』（新潮社）もそうだが、怨み、無念、悔しさといった、抑えようにも抑えきれない情念に突き動かされ、さまようほかない人たちへの共感は熱かった。

不幸や不運だけではない。「笑い」もその探究の対象とした。とにかく、人が持て余しているさまざまな情念に無関心でいられない人だった。さまよう情念こそあらゆる著作に通底する主題であった。このことは、アイヌや東北や沖縄の文化など、社会の辺境、あるいは歴史の欄外として切り捨てられてきたものを日本文化の《基層》として捉えなおす仕事にも、強い動機としてはたらいていた。

群れない人、徒党を組まない人でもあった。孤立しても、一歩も引き下がらずみずからの信ずるところを述べる、そんな「一匹狼」と心得ていた。脳死臨調では「脳死」を「人の死」とすることに最後まで異論を唱え、「九条の会」では呼びかけ人となって非戦を訴え、東日本大震災復興構想会議では体調も万全でないなか被災地を巡った。

論争の人ではあったが、論争の相手をこきおろすことはなかった。肌合いのひどく異なる同世代の吉本隆明や鶴見俊輔との論争もどこか歓んでいるふうであった。相手が本気であればあるだけ、そのやりとりをおもいきり愉しむ人だった。

だが、最後の最後まで、梅原さんが気に懸けていたのはやはり、自身の、そして同時代人の、そして人類の、さまよえる魂の来し方、行く末であった。わたしたちはどこから来て、どこへ行くのか。うつろいゆく魂の、そのうつろいの向きに関心はいつも収斂していった。三年半前、先に逝った鶴見俊輔が「真理とは方向感覚である」と言っていたその感覚を共有していた。そんな京都のまちでおなじ時代を過ごせたことが、いまはせめてもの慰めである。

「おもろく」なければ学問でない——日高敏隆『動物と人間の世界認識』

正直なところ、わたしは、「京都学派」を代表する西田幾多郎という哲学者の書き物、とくにその書きぶりになかなかなじめない。悲劇的なまでに「深い」かもしれないが、喜劇的なまでに「軽い」可能性もあるようにもおもう。ただ、西田が「哲学者」として哲学の可能性をつきつめていったその過程に、同時代の物理学者たちが、経済学者たちが、生物学者たちが、過敏かとおもわれるくらいに共振した、その、ディシプリンの枠を超えたみずみずしい関係には、すこぶる惹かれる。

日高敏隆さんの『動物と人間の世界認識』は、「世界」という、どの学問領域に属するかわからないような、しかし哲学者にはお気に入りの問題を真正面から取り扱っている。日高さんは言及していないが、ここで問題とされている「世界」の問題は、二十世紀の哲学、なかでもヴィトゲンシュタインの「哲学探究」や、フッサールやハイデガーの現象学、ガーダマー、リクールらの解釈学的哲学と、おなじ問題に照準を合わせている。世界が「世界」として現出するときの、その媒体、その条件に着目するところである。若書きとしかいえないわたし自身の修士論文についでにふれさせていただければ、それは「世界」とは何か、「世界」なるものの成立要件とは何かを論じたものだった。

日高さんはいうまでもなく、その「世界」を、生物学のもっともベーシックな次元で問題にしている。モンシロチョウと人間が感受している世界、コウモリと人間が感受している世界は、そもそもが違う。紫外線、赤外線、超音波……。他の動物は、人間にはまったく感知できないそれらのものを手だてとして、それぞれの仕方で世界を精密に感知している。だとすれば、いろいろな生き物がともにそこに住まっているおなじ「世界」などというものがほんとうに存在するのか、それじたいが問題となってくる。さまざまな動物の知覚の体制はそれぞれに異なるとして、その前提となる一つの「世界」というものがそもそも存在するのか、という問題である。

この問題をつきつめれば、人間という種においてすら、一つの「世界」がほんとうに成り立っているのかも問題とならざるをえない。たとえばわたしが木の葉を見て、きれいな緑だなあと感嘆したとする。そしてそこに居合わせた仲間も、おなじように、きれいな緑だなあと感じ入っているとする。けれども、わたしが「緑」として了解している色と、他人がおなじく「緑」として了解している色とが、ほんとうにおなじ色なのかどうかということについてはなんの保証もない。「ミドリ」という言葉が一致しているだけのことで、じつのところ、他人が「緑」として見ているものは、ひょっとしたらわたしが「黄」として見ているものかもしれない。両者がそれぞれに「緑」として見ているものがおなじものであることを確認する手だてはないのである。なのに、「世界」は一つと、だれもがおもっている。なぜか？これこそ、ヴィトゲンシュタインが問い、現象学や解釈学が問題にしたことであった。

それらの哲学の思考とおなじ水準で、日高さんは、「世界」の条件を問題にしている。客観的な事実かそれとも幻像ないしは錯覚かという二分法に先立つ、「イリュージョン」としての世界のあり方への問いである。それぞれの生き物に世界が

「世界」として現われてくるときのその条件、たとえば「知覚の枠」という条件、「意味」あるものの抽出という条件がまず論じられ、それらを超えて「世界」を論理的に構築してゆく、いいかえると「歴史」というものをもつ人間の認識の特性が論じられる。人間のばあい、文化が滅びるとなぜ世界そのものが壊れることになるのか、と。

そして最後に言う。人間とは、「新しいイリュージョンを得ること」「新しい世界が開けること」を愉しむ摩訶不思議な存在だと。「固苦しい美学や経済に囚われない世界」を構築できる喜び、それをぬきにして学問はありえない、と。なんともすがすがしい結語である。

ごつい思想、密な調査、深い知恵——山極寿一『父という余分なもの』

異変を感知する人間の「センサー」について、あるいは「成熟社会」の意味について、諸学科を横断する共同研究をそれぞれ数ヵ年にわたり主宰したことがある。そのいずれの研究会にも山極寿一さんに加わっていただいた。

理由はひとつ。わたしたちには、これは人間に固有のものと、勝手に思い込んでいるものが多すぎるからだ。だから、およそ七〇〇万年から九〇〇万年前にかけて別の進化へと枝分かれしていった類人猿の集団生活のありようを参照するために、彼に研究会への参加を請うた。それぞれの話題について、「山極さん、ゴリラの場合はどうですか？」と確認するために。

たとえば人間の性。他の動物には発情期というものがあって、その期間中、性的行動がもうひとつの本能である栄養摂取の活動とごそっと入れ替わるのに対して、人間は年中発情し、食と性という「二足の草鞋」を履いている……などとすぐに決めつける。そんなとき、ゾウやライオンなど、決まった繁殖期をもたない動物はいくらでもいると、山極さんは返す。あるいは、人類における社会と文化の生成の原点に「近親相姦の禁止」を見てそれを前提に議論をしていると、ゴリラも近親者の交尾をうまく回避する習性をもつと、山極さんは議論の軌道修正を仕掛ける。

逆にこんなこともあった。人間は他の動物とどの点で異なるかをめぐり、これまで「ホモ・エレクトス」だとか「ホモ・サピエンス」「ホモ・ファーベル」「ホモ・ルーデンス」「ホモ・ロクエンス」などといって、直立二足歩行することや知性をもっていること、道具を使用すること、遊びをすること、言語を運用することなどを挙げてきたが、後に生まれたものが先に生まれたものの世話をするのは人間だけではないですか、とわたしが問うたとき、山極さんは「うーん」と唸ったあと、

「わたしの実見したところでは」と断りつつ、こう答えた。ゾウが死んだ姉の骨を一年後に舐めにきたのを見た。これは「弔い」の例にあたる。元ボスの臨終を察知したゴリラの集団はいっとき元ボスの後について移動する。元ボスがかつてボスであったころの様子を再現してやるわけで、これは元ボスのプライドを立てる「ケア」のひとつに数え入れていいかもしれないが、基本はやはり子育てに限られ、先に生まれたものが後に生まれたものの世話をするだけ、と。それを確認したうえでわたしは、「ケアするヒト」という視点から人類を規定するのはどうですかと、問題提起する……。

研究会の議論の一コマである。「わたしの実見したところでは」という、フィールドワーカーの矜持ともいうべき前置きは重い。ベートーベンやイカルスといった名で個体識別しながら、来る日も来る日もゴリラの糞を計量し、水洗いしてから、新聞紙の上に拡げ、竹べらでかき分け内容物を分析する。まるで宝物を見つけたようにである。この「糞分析」に四年間。さらにゴリラの一集団を二年間ひたすら追跡し、交尾、育児、社会行動を仔細に観察し、三四七五のネスト（巣）を調査する。度重なる子殺しと異なる集団間でのメスの移籍の機制を、ああでもない、こうでもないと推理する。そんな気が遠くなるほど地道な調査を踏まえる山極さんの言葉は、ごつい体に似合わずいつも慎重だ。

細胞にも色艶がある。明けても暮れても試験管をのぞいているうち、その色艶が見分けられるようになると、もう「一心同体になるほどに彼らを愛し」はじめている。だから色艶が悪いと、風邪をひいているのではないかと心配になる……。生物学者の岡田節人《ときんど》のこうした言葉に、わたしなど哲学を齧ってきた者は、つい、「愛さないと見えないものがある」という、マックス・シェーラーの思想を重ね合わせたくなるのだが、こうした想いが、かつては今西錦司、伊谷純一郎、河合雅雄、いまなら山極寿一といった、わが邦の霊長類学者の調査研究に、連綿と漂いつづけているのはまちがいないと、わたしはおもっている。

限られた観察時間でデータをとり、論文を量産し、書いた後はその動物に関心を失う「小回りのきく賢い学者」になるより、「対象にずっと感動と愛着をもち続ける動物学者になりたい」とおもってきたという山極さんが、アフリカの熱帯林に足を踏み入れてかれこれ三十年以上になる。その山極さんは、『ゴリラ GORILLA』(東京大学出版会)のなかで、こんなふうに書いている。——ゴリラは「人間になれなかった動物」ではなく、「人間よりも、ある方向へ進みすぎてしまった動物」である。ゴリラは、人間もかつてもっていたはずの「高い許容力」と「思いがけない可塑性」をそなえた社会構造をもっている。それに、遺伝的にサルより人類に近い。類人猿は「人類の過去を探る辞書のひとつ」なのであって、わたしたち人類がくり返してきた衝突の悲しい歴史を〈共存〉の途へと切り換えるには、その類人猿がたどった〈共存〉の別の途から、あるいはまた「人類とは異なる自然の見方や利用法」から、うんと学ぶ必要がある。「われわれ人類はけっして最善の方法で自然と接してきたわけではない」からだ、と。

その山極さんが『父という余分なもの』では、〈父〉という、「子どもと生物学的きずなをもたない男」の存在を問うている。別の言い方をすれば、「家族が単独では成立し得ず、複数の家族が集まってはじめて機能を発揮する」そのような人類家族のあり方、つまりは、自然のつながりを超えて編成されるより高次の集団としての社会のあり方を、ゴリラの集団にその祖型を見るというかたちで問うている。

霊長類の集団には、特定の性の放出と移動を促進することで個体間の関係を組み替えるというメカニズムが備わっていると、山極さんは指摘する。そのうえで、人類社会が「社会学的父親」を創造したのだとすれば、「男が父親になるためにはまず女から持続的な配偶関係を結ぶ相手として選ばれ、次にその母親を通じて子どもたちから選ばれるという、二重の選択を経なければならな」かったはずだ。ところがその「二重の選択」がいま、自明のこととして成り立たなくなっている、そんな感触が山極さんにはあるらしい。

「家族の連帯を通した社会のあり方が現代の要請に合わなくなった」ということな

のだろうか。そう自問する山極さんは、「父親を捨て家族を解体することは、人類の歩みが始まって以来の文化と決別することだと私は思う」とまで書く。なんとも豪快な議論である。

巻末に収められた三浦雅士さんとの対談では、議論を仕掛けるのに巧みな三浦さんが、山極さんのその豪快な議論から、人類文化についての根源的な洞察を引きだしている。旅というものがもつ性的なコノテーションが、メスが集団間を移動する類人猿のカルチャーに由来すること。ヒトの化粧や装飾、さらには踊りの起源には、別の存在（たとえば動物）になってみるという憑依の心性があること。なかでも、仮想の世界を創ってそこにじぶんたちを遊ばせることができるという、その〈遊び〉のメカニズムが、動物における優劣の固定を超えて、人類に、優位にあるものがみずからを抑制し、優劣を直接に反映しない〈同調〉という社会関係を可能にしたこと。文脈をずらせる演劇的な行為が、人類社会に「快楽と安定」をもたらしたというのである。遊びは〈同調〉を前提とし、「体の小さいものは背伸びをして自分を誇大に見せる。体の大きいものは縮こまって自分の力を弱める。そういった力のバランスをとらないと成立しない」からである。

そこからこんな文明観も出てくる。「たとえば木の実のなり方とか、一つひとつ違う。同じ状況は二度と来ないわけですから、他人とまったく同じことをやっていては生きていけない。それが自然というところなんです。ところが、人間はまさに環境を変えてしまった。おなじことをするということが有利であったり、正しかったりする状況。人間はそういう特殊な状況を作ってしまったとしか考えようがないですね」。「多様性」とか「共生」とかいった、ともすれば浮つく言葉にここではしっかり重しがつけられている。

そういえば、かの研究会の折りにも、山極さんはふとこんな感慨を漏らしていた。アフリカでの長い調査を終えて京都に帰ってきたとき、ファストフード・ショップに群がる人たちの姿を見て怖ろしくなったという。「食べ物をその場で食べずに、自分の必要以上の量を採集し、仲間のもとへ持ち帰り、それをみんなで分け合って共食する」というのが人類の食の特質なのに、いまのヒトは自分が食べたいものだけを入手し、一人でこそこそ食べている。それを目撃するにつけ、ヒトはいまやサルに退化しつつあるとしか思えないと、休憩時間に、これはちょっとにやにやして語ったのだった。

が、これは存外、大まじめな議論を引きだす、山極さん一流のジョークだったのかもしれない。「人類の分配は相手に乞われないのにみずから与えるところに特徴がある」と山極さんは本書でも書いている。謂うところの「与える分配」である。だとすると、その考えは〈贈与〉を社会性の根源に見る現代の社会理論に直結する。「リベラル」という西欧語の第一の語義が「気前がよい」ということであるのも、こうして納得がゆく。まあ、とにかく山極さんと議論していると、話が大きく膨らみ知的好奇心が沸騰してしまうのだ。

大学の教育・研究という本業がこの一〇年ばかりのあいだに、いよいよ追いつめられてきた。そのさなかに、山極さんは京都大学総長の任に就いた。危機からの大学の再生に山極さんがどのように手を着けるのか、とても興味がある。「高い許容力」と「思いがけない可塑性」という、山極さんがゴリラから学んだ視点が、いよいよそこで活きてくる。

ぬえのような——河合隼雄『カウンセリングの実際』

「今日、精神分析医の病院の診断用の椅子は、《わたしはだれなのか、教えてください》とたずねるひとびとの重みにうめいている」——。一九六〇年代のこと、マーシャル・マクルーハンはある講演でそのように述べた。

かつては「カウンセリング」、いまは「心のケア」というふうに、多くの人が他者によるメンタルなケアを必要とするような状態に置かれている。本人がそれをもとめる場合もあるが、まわりがその必要を感じる場合がはるかに多い。

共同生活をいとなむなか、滑らかであるはずの関係がだれかのところで軋《きし》むとき、対立や軋轢が生じるのであればそれはそれとしてよいが、そのだれかの場所が関係それじたいをもはやなりたたせないような了解不能な一点となりだしたとき、その兆しを感じた周囲の者たちは、さりげなく「治療」をはじめる。いつもは言葉に言葉を返すだけなのだが、このときばかりはだれかが「聞き役」に徹して、言葉の感触から「問題」をさぐる。ついに手に負えないと感じたときは、シャーマンの役をつとめる高齢者（多くは女性）が、代わりにその「魂の震え」に耳をそばだて、ときには代弁し、「治療」にあたる。

そういう聞き役、あるいは代弁者といった役割を、かつては共同体のメンバーがだれそれとなくつとめてきた。「あんた、いっぺん聞いておやり……」というふうに。

その聞き役、代弁者の役をだれもがふつうにつとめるような共同体の（見えない）力は、しかし、社会の仕組みが「近代化」してゆくとともに、しだいに消失していった。地域社会、会社などがシステム化されゆくとともに、それらが当初果たしていた拡大された家族の役割もしだいに放棄されていった。そしてシステム化された言語や行動様式、価値規範がこんどは家族生活をも深く蝕むこととなった。社会のいわゆる中間領域というものが骨格をあいまいにし、個々の〈わたし〉は社会という大きなシステムに剝きだしのまま直結されるようになった。人の「魂」は、肉体をもたぬ匿名の言語ネットワーク、匿名の巨大なシステムのなかを漂うようになった。

そこから、その「魂」の世話をする職業が生まれた。カウンセラーや精神科医といった専門職の仕事である。カウンセリングという仕事は、つまり、こうした時代の仕組みの大きな変化を前提としている。「近代」という時代に起こった社会の構造変化を背負っている。だから河合隼雄さんの『カウンセリングの実際』という手引き書も、カウンセリングの実際を具体的な場面に即してことこまかに説きながら、じつは右のような歴史的な背景を色濃く映しだしているといえる。

河合隼雄さんは、わが国に臨床心理学という学問領域を確立した人としてよく知られている。臨床心理学の理論書を体系だって著述し、カウンセリングの技法を広め、そして「臨床心理士」という職業を社会に浸透させていった。その姿は頑固一徹であったが、しかしその言葉、その立ち居ふるまいにはどこかおおらかで緩んだところがあって、講演会や講習会などでその緩みにふれた人は、心の縛りを深くほどかれる思いがしたはずだ。けれどもまぢかでかれに接したとき、この巨大な知性はときにぬえのような印象をあたえる。まぢかというのは、かならずしも目の前でじっさいに会ったときということではない。著作を一行一行舐《な》めるように読むときにも、おなじような印象にとらわれる。

ぬえのような、というのは、かれの人柄のことではない。かれが身を挺して取り組んだカウンセリングの実際のことである。このぬえのゆえに、かれの叙述はリアルな感触を湛える。心理臨床の現場は一筋縄ではいかないものだし、いかせてはならないという感触をリアルに伝えるのである。

第五章の「ひとつの事例」をはじめとして、この本にはカウンセリングの実際が、カウンセリングを志す人のためにことこまかに叙述されている。「自我」の存立ということをめぐっては、主体性、同一性、他者との区別、統合性という四つのメルクマールが提示されているが、そのとき重要なことは、それらのすべてについて、「ある程度の」という但し書きがつくことだと河合さんはいう。この「ある程度の」という曖昧さ、それはカウンセリングの輪郭の曖昧さであり、初めと終わりの曖昧さである。この曖昧さを河合さんはひたすら大事にする。語りのそのぬえぶりは、パスカルが遺したこんな言葉を彷彿とさせる。――「彼が自分をほめ上げたら、私は彼を卑しめる。彼が自分を卑しめたら、私は彼をほめ上げる。そして、いつまでも彼に反対する。彼がわかるようになるまでは、彼が不可解な怪物であるということを」（前田陽一訳『パンセ』中央公論社より）。

たとえば、カウンセリングをどこで終わるかという問題。カウンセリングを引き延ばすな、引っぱりすぎるな、けれども息は長く、と河合さんはいう。反省することで問題が片づいたと思うな、けれども反省過剰となるな、ともいう。時が満ちるという瞬間をつかまねばと読者は思うのだが、それこそいちばんむずかしいことだ。

この背景にあるのは、カウンセリングというのはクライエントとカウンセラーとが「二人でやり抜く」大きな仕事だという考えである。両者のあいだでさまざまな押し引きがあり、気の遠くなるようなやりとりがあり、場合によっては「よい方法ではないが、自分の気持ちとしては致し方がないからする」というふうに、カウンセラーがある意味で違反をしてまでしなければならないこともある（第五章の事例はそういう場面に満ちている）。そのうち「治る」と「治す」という二つの契機がうまく噛み合って、二人の仕事にめどがつきはじめる、そんな瞬間も生まれてくる……。

終わりをこういうふうにさぐったらいいとして挙げている対処にこんなのがある。「どうもひと山越えたような感じですね」と声をかけるのである。この言葉の含みはつぎのようなものである。「次にあなたがふた山越えるのだったらつづけていこう、ひと山でやめるのだったらやめてよい」。ここで河合さんがとにかく注視しているのは、カウンセラーのほうが勝手に満足して終わらないこと、しかしまた「堂々めぐり」にならないこと、「共倒れ」にならないことである。「これでよし」という見きわめは、カウンセラーのほうから一方的につくものではないからである。

この手引き書はだから、うわべとちがって、けっしてマニュアルを記したものではない。いやむしろ、反マニュアル主義の書である。自己のうちにある自己を超えた可能性にかける、そういう意味では「自己実現」をめざしながら、いたるところでこの目標の過剰な強迫を戒めている。そして逆に、悔いや心残り、態度の二律背反や矛盾に、「仕方ない」と心を宥《なだ》め、ほぐすような濃やかないたわりの叙述に多くを充てている。すかっといったように思えるときこそいちばん危ないという注意が、具体的な事例とともに語りだされる。

おなじように、ひたすら聴くこと、言葉を受けとめることの大切さを説いても、聴くだけではだめ、あえて聴かないことも大事と念を押す。ときには突き放したり、思いとは逆のことを言ったり、聴いていないふりをしたり、とりあわないでいたり、わざとはぐらかしたり、逸らしたりするということも必要になるというのだろう。いずれにせよ大事なことはしかし、そうした押し引きのなかで、最後までつきあうということだろう。河合さんのいう「温かくて厳しい関係」のなかで、辛抱づよくいつか「大きい波」が訪れるまで待つことだろう。

カウンセリングの一つの本質はこの、《時間をあげる》というところにあるのではないかと、わたしは読みながらおもった。ここではじぶんの関心で動いてはならないのだ、と。エンドレス、「潮時」や「塩梅」、「ある程度」、臨機応変、偶然のはからい……といった、まさにマニュアル化に抗うものをこそ、この本のなかで河合さんは伝えようとしたのだとおもう。

わたしは河合隼雄さんと二日間にわたり、「臨床」と「言葉」について語りあったことがある。その様子は『臨床とことば』（阪急コミュニケーションズ）に再録されているが、そのとき河合さんに答えられなかったこと、河合さんに答えてもらえなかったことが、いまもつよく心に遺っている。

一つは、さまざまな偶然をはらんだそのつどの臨床の場において生まれる経験がいかにして〈学知〉としての普遍性へとつながってゆくのかということ、つまりは「臨床的普遍」は何を根拠としうるかという問題、これはいいかえると〈個〉の科学がいかにしてなりたつかという問題である。

もう一つは、人について、文化について、生態系について、多様性の大切さを説く議論が渦巻いているが、なぜ人格についてだけ多様性は封印されるのか、なぜ「多重人格」というふうに病態として語られるのかということである。このことを対談のなかで問題にしたとき、(この本には再録されていないが、話が臨床心理士資格をめぐる医師会や厚労省との「闘い」に及んだときとおなじく)まるで深く眠り込むかのように、眉間に皺を寄せられ、長い沈黙に入られた姿が、いまもわたしの網膜につよく焼きついている。これらは重い宿題としてわたしに遺された。

本書では、はじめのところで「聴く」ことの意味にふれられ、終わり近くになって「待つ」才能について論じられる。「聴く」ことについては拙著『「聴く」ことの力』(TBSブリタニカ)をありがたくも読んでいただいたが、その後著した『「待つ」ということ』(角川選書)についてはもはやお手元に届けることができなかった。読んでいただいたあと、もういちどあの深く背を曲げて考え込まれる姿にふれたかった。すぐに顔を上げて、もうちょっと突っ込んでほしかったですね、と言われたにちがいないが。

心を耕す——柳田邦男『新・がん50人の勇気』

六十余人の方々それぞれの死への歩み。「がん」という言葉とともに突然目の前に現われた死の予兆のなかで、滑らかであろうはずのないその足どりの一つひとつを、その道端の情景ともども丁寧に写し取ってゆくこの書き物も終焉に近づいたところで、そこから先がすぐには読めなくなった。わたしの眼を釘づけにしたのは、仲代達矢さんの夫人・宮崎恭子さんの次のような文章である。――「幸せはしばしばうかうかと粗雑に過ぎる。悲しみは心をき《ママ》め細かくしみじみと美しい」(この後半の文は「心をきめ細かくし」か「心のきめ細かく」と書くはずだったのだろうが、わたしとしては「心のきめ細かくしみじみと美しい」と読んでみたい)。

それまで柳田邦男さんの叙述に沿って死のさまざまなかたちをなぞってきたつもりでいたのだが、宮崎さんのこの言葉の引用とともに、この本の表情がはらりと裏返った。これまでの叙述すべてが、死の物語を下敷きにした生の物語だったことに気づかされたのだ。柳田さんが説いてこられた「死の医学」が、それを下敷きに「生の医学」の構えを根本から組み換えることを求めていたように。

「最期の刻まで生きようとする心を支えるものは、何だろうか」。これこそ、この本の最初から最後までずっと手放されることのない問いである。死について生涯をかけて問いつづけたジャンケレヴィッチは、その著『死とはなにか』(青弓社)のなかに、身も凍りつくような一文を書きつけた。「死は、生を無意味にすることによって生に意味を与えます。死は生に意味を与える無意味なのです」という文章である。

わたしには、死をめぐる柳田さんの渾身の仕事はずっと、この文章の真意をただすためにあったかにみえる。たとえば『「死の医学」への日記』（新潮社、一九九六年）では、疾病構造の変化や高齢化の進行、少子時代、事故死・災害死の増加、核家族化、医療技術（とくに延命医療）の進歩、病院死の傾向、ＱＯＬへの問いにともなう死生観の変化などの渦中で、日本人の死にどのような変容がもたらされたかを「断層写真のような鮮明度」で映しだそうとしているが、そのときも「私の視座は、死を目前にした一人一人の人間がいかに生くべきかという一点にある」と言い切っていた。

がんはあるとき、何の心の準備もなしに、突然宣告される。病態も予想もできない時点で箸が折れるように急激に変化する。それは人生への視点をいやがおうにもまるごと裏返す。いまがずっと続くことを前提におこなってきたことが、こんどは終局のほうから考えなくてはならなくなる。終焉の時を不在の未来に据え置くのではなく、いわば人生のエンディングのほうから現在を据えなおすことを迫られる。時の感覚が反転するのである。

石原吉郎は『海を流れる河』（花神社）のなかで、時間のふたとおりの数え方があると述べている。

ひとつは、一から始まってこれに、無限に一単位（年でも秒でもいいが）ずつ加えて行くやり方で、私たちはそのようにして、小刻みに未来を生きている。もうひとつは、たとえばロケットの打上げの時の秒読みのように、あらかじめ未来へ区切った時点へ向けて、一単位ずつ時間を消して行くやり方である。残り時間がゼロになったときそれが起る。未来が終るのである。戦争中、私たちに可能であったのは、ただ後者の数え方であり、戦場から兵士が書き送る書簡の一つ一つは、このようにして消去されて行く時間の確認にほかならなかったのである。

ちなみに柳田さんの『「死の医学」への日記』の表紙を飾る伊勢英子さんの挿絵は、少女が身の丈の二倍ほどもある大きな砂時計に貼りつき、その細いくびれのところをひたすら落下してゆく砂粒を見つめる姿を描いているが、彼女もまたここに一つひとつ消されてゆく未来をじっと見ているようにみえる。

時の反転はわたしたちのまなざしを変える。それは日々の暮らしへの、これまでとはちがったまなざしでの振り返りでもある。「死を意識した人はすべてが輝いて見え、道端の雑草にさえいのちの愛おしさを感じるようになる」と言われるように。しかしそうしたまなざしの反転は、いうまでもなくすさまじい葛藤や絶望と紙一重で接している。柳田さんは、作家から俳優、コメディアン、学者、僧侶まで、表現を生業とする人たちにおけるこの反転に焦点を合わせている。だから、「愛する人との別れが迫り来る中で、こうでも描かないと崩れてしまいそうな、ぎりぎりの稜線に立つ者の心情」の描写が際立つ。

これまで何度も引かせていただいた『「死の医学」への日記』にはこんな記述もある。——「遺された者にとって、死は辛く悲しい。しかし、悲しみのなかでこそ、人の心は耕やされるのだ」。

この「耕し」の鍬こそ、ここで書き綴られた六十余人の死のかたちだったのだろう。それぞれの面構えをした「勇気」と「矜持」である。なぜなら、とこの理由を書くにあたって、秦恒平の『死なれて・死なせて』(弘文堂)の言葉を引かせてもらうと、《生死の境を分けてしまっての「悲哀」「哀傷」には、ある意味で「時間」という妙薬のたすけがある。しかし現世の時間をなお共有しながら「死ぬ」「死なれる」「死に別れる」のぜんぶを、刻々と互いに持ち堪《こた》える険しさ辛さには、堪《たま》らないものがあるはずで……》ということである。そしてこの《「時間」という妙薬のたすけ》にもたれないで死路を歩んだ人びとのその「鍬」こそ、その死を見届けた人の生の理解を深めてゆくのだといえよう。

その意味で、ここに記述された六十余人に「死なれた」人、「遺された」人のその後を描く最終章は、本論全体に匹敵する重さがあるとおもう。

「死なれる」「遺される」というのは、その人との関係のなかでじぶんの存在を紡いできた人がそのかけがえのない関係の対項を喪うということである。つまりじぶんの存在の根拠をなすものが、あるいはすくなくともその一部が崩れるということである。「死なれる」ことは同時に自己の一部の死でもあり、体験としては、不在の未来における自己の死よりもあきらかにリアルである。

本文中で、幼子を亡くしたある母親の言葉として引かれていること、「癒しとは決して心地よいものではない。必死にもがきながら、それでも生きていく力を身につけることです」という言葉は、その意味でとても重い。ただその「力」が、死にゆく人から遺された人がもらうもの、受け継ぐものであるというところが、この本ではじつに丁寧に描かれている。その「耕し」を引き継いだとき、逝った人がこんどは死者として生まれ変わる。行路に迷い、さまざまの困難にさらされたときの語らいの相手として。

「喪う」「遺された」という体験は、柳田さんの背の髄を満たしていたものでもある。幼いときに父と次兄を病気で喪い、かの『「死の医学」への日記』の取材・執筆中にはお母さんが植物状態になったあと逝かれ、義兄を膵臓がんで亡くし、そしてやがて『犠牲《サクリファイス》』（文藝春秋）において克明に綴られることになる次男の自死・

脳死のすえの急逝……。いまいちど引けば、「遺された者にとって、死は辛く悲しい。しかし、悲しみのなかでこそ、人の心は耕やされるのだ」。何十年にわたる柳田さんのがん（医療）をめぐる膨大な書き物は、このみずからの「心の耕し」にこそあったのだろう。この「耕し」の言葉にふれて、多くの人びとがこんどはみずからその「心の耕し」に入っていった。わたしのばあい、それは四年半前のある朝に遡る。

無方法という方法——竹内敏晴『「出会う」ことと「生きる」こと』

東日本大震災のあと、もし竹内敏晴さんがご存命であったならどういう動きに出られたであろう、と想像した人は少なくないとおもう。あまりにも失ったものが大きすぎてそれを測りかね、何を言おうとしても言葉にならない、声を出しようにも出せない、からだが貝のように閉じたまま。そんな被災地の人の前にもし竹内さんが立たれたら……と。

被災地に駆けつけた人びとが何もかも失った人たちに遠慮がちにかけた言葉、「大丈夫ですか」「がんばってください」すらもやがて苛酷なものとなって、せいぜい「もう十分がんばりました」「これ以上何をがんばったらいいんですか」というつぶやきしか返ってきようがないこと、「お気持ち、わかります」という言葉が逆に被災者に言葉を呑み込ませてしまうこと、ときに「何がわかったというのですか」と強い反撥を生んでしまうこと、さらに言葉が返ってこないことに焦れてかけた言葉、「何でもおっしゃっていいですよ」が、相手の心に鎮めがたい氾濫を引き起こしかねないこと、それらを知りつくしたうえで竹内さんがどういう行動に出られるだろうと、わたしも想像した。

けれども、ともおもう。

竹内さんはその書き物のなかで何度か、ウィリアム・サロイヤンの短編「哀れ、燃える熱情秘めしアラビア人」を引いていた。アルメニアからアメリカへ移住してきた、幼い「私」のおじさんは、なにか測りしれないほどの悲しみを内に湛えているような人で、「胸に悲しみを充たしていたことは、膝の塵をはらいおとす様子と、けっしてものを言わないことでよくわかった」。そのおじさんを訪ねてくる一人のアラビア人がいて、ふたりは一時間も二時間も口を開かずに「話して」いた。そのアラビア人が何も言わないのに、おじさんは「そんなこと、気にするんじゃない」と叫ぶこともあった。そのアラビア人が数ヵ月家に来ていないのを訝《いぶか》しくおもって、「私」が「あのアラビア人はどうしたの」と問うと、おじさんはとても腹を立てた。脇にいた母親が「どうしたんですか」と声をかけると、「この子はおしゃべりをする。質問をする」とおじさんは苛立つ。「でも、話してくれなきゃわからないじゃないか」と「私」が返すと、「話してくれなきゃわからないような奴が、聞いたからといってなにがわかるのというのだ」と、おじさんは声を荒げる。アラビア人は死んだのだった。「話してくれなくちゃなにもわからないじゃないか」という幼い「私」の問いかけを、竹内さんは「無知の殺人剣」だとすら書いた。言葉が体験を傷つけることがあることを竹内さんは知りつくしていた。だから震災の前でも後でも、竹内さんはきっとおなじようにそのことに向かいあっただろうとおもう。

竹内さんは、惨状をすでに日常のなかに見ていた。

若いころ、失語に苦しみ、失語の長い時間からようやく言葉が劈かれたという重い経験をもつ竹内さんは、その後の半生を「からだとことばのレッスン」に捧げた。このレッスンは、失語や吃音を〈治す〉ことをめざすものではない。吃音矯正のために発声練習や呼吸練習をするわけではないのだ。そうではなくて、声が出ないのはその人のからだが、存在が、閉じているからだと考え、治す／治さないは度外視して、声を出すことそのものが心地よいというところまでまずはからだを劈いてゆこうとした。

言葉をどうしてもこじ開けられないとき、言葉が堰《せ》き止められたままのとき、喉元の軋みとその緊張はからだのあちこちに伝搬し、からだを強ばらせ、ひずませ、引きつらせる。からだのあちこちでのそうした引きつりは、たがいに干渉しあい、相乗しあって、からだ全体の佇まいをも歪めてしまう。それと並行して、からだのなかの内圧も高まり、からだのさまざまな部位を切り裂かんばかりに押し上げて、表情から姿勢まで歪な形相を呈しはじめる。

竹内さんがレッスンのなかで眼を凝らしてさぐるのは、だから、からだがどう歪んでいるか、偏っているか、固まっているかということだ。竹内さんはそのために、まずは、言葉が生まれるいわばゼロ地点まで遡ってゆく。言葉が生まれるそのゼロ地点ですでに膠着が生じているからだ。緊張をほどくことができずに疲れきったからだ、他者との接触に怯えてぶるぶる震えているからだ、防禦姿勢を崩さない鎧のように固い身構え……。レッスンの場はさながら「野戦病院のようだ」と、竹内さんはいう。

だからレッスンはまず「ゆらし」から始まる。——「からだの内にひろがる波に身をまかせてゆられているうちに眠ってしまう人もあるが、突然ふっと全身がゆるんで、息が深ぶかと流れ入ってきて、あくびが続けざまに起こり、涙が止まらなくなり、からだが溶けてしまったようになることも多い。からだの知覚の変容が始まるのだ」。

興味深いのは、竹内さんが後年、そういう言葉を劈くレッスンとはいわば逆ヴェクトルの、言葉をしまうレッスンとでもいうものに取りかかることだ。竹内さんは、都内のある大学院で集中講義をしたとき、出席者にはいろんな経験を重ねてきた社会人が多く、討論ははずんだが、どこかそれにひどくひっかかるものがあったという。

……二日目三日目と進んで、ホテルに戻って、さて四日目は、と考えているうちに、すうっと悲しみに似たものに襲われた。疲れたのか、と思ってみたが、なぜかしんとひろがってきて止まらない。ややもてあまして、えぇい寝るか、と横になったとき、「孤独がない」と思った。あんまり話がネッシンすぎる。どんどん先へゆく。すぐに応対する相手が現れ、論旨はひろがり発展する。ぷつんとことばが途切れることがない。――からだの底に見極めのつかない動きが起こって、それに見入ってしまったとき、ことばがなくなり――ようやく出てきたことばは見当はずれだったりぎょっとする疑問だったりして、聞いたものが黙りこくってしまう――そんなことがまるでなかった。この、途切れることのない熱心な「浅さ」はなんだろう？

（『竹内レッスン』）

わたしも高校などに〝出前授業〟に行くことがあるが、そこでディスカッションのさなか、淀むこともなくすらすら話す生徒への違和をつよく感じることがある。スベる言葉？　そう、まるで原稿を読み上げるかのような、滑らかすぎる語りに、とまどいを超えて苛立ちさえおぼえる。宛先のない言葉？　勝ち負けに拘泥する言葉？　沈黙をはさむと不安になって息を継がずにひたすらしゃべりつづける……。いったい何を怖れているんだろうと、かえってこちらが不安になる。まるで言葉を編みあうことを拒んで、ひとりで言いっぱなし、しゃべりきり、じぶんの語りの世界に立てこもるかのようである。言葉を編みあうことがそんなに怖いのか。ここには遮蔽があるばかりで、ダイアローグはない。

「私たちが、ほかの人にまっすぐ話しかけることから、どれほど逃げているか」というふうに、竹内さんはこのことを言う。「後ろに手を組んだまま体重を踵《かかと》にかけ後ろに傾いたまましゃべっている人がある。相手に話しかけようと首を伸ばし、手さえ差し出しながら、語尾ですっとからだを退いてしまう人がある。視線を揺らめかせ声を宙に振り飛ばす人、胸を張り息を吸い込み号令をかけるように怒鳴る人、しなを作り身をくねらせる人――すべて、声が相手に触れるまさにその地点を、さりげなく避けてゆくための千変万化である」、と。

ふれること、ふれられることを回避するために言葉がある、相手をじぶんのなかに入れないためにひたすら語りつづけるという、転倒した事態がある。プレゼンテーションの流儀に沿って滞りなくスベってゆく言葉、（官僚の）書き言葉のような語り、淀みなくつづられるセールストーク……。言葉に、ざらつきが、ひっかかりが、躓《つまず》きが、もつれが、ない。コミュニケーション・トレーニングということで、ディベイトやプレゼンテーションを巧みにこなせるよう訓練することが昨今、推奨されているが、わたしは逆だとおもう。わたしたちがいまひどく失いだしているのは話しあいではなく、むしろきちんとした黙りあいではないのか、と。先のサロイヤンの掌編ではないが、黙っていることに耐えられないそんな人たちの「おしゃべり」でなく、言葉なしで通いあえるような「ふれあい」こそ、いまわたしたちは取り戻さなければならない、と。

それを竹内さんは「なま」とか「じか」ということばで表わそうとしていた。「なま」は、美術でいわれる「アール・ブリュット」（生まの芸術）、あるいはメルロ＝ポンティの現象学でいう「エートル・ブリュット」（生まの存在）につながるものである。言葉を劈くためには、すらすらしゃべることよりも、むしろ逆に、口ごもり、つまりは言いたくても言葉が出てこないというその軋みの時間、堰き止めの時間を逆にやりすごさないこと、跨ぎ越さないことが大事だというわけだ。

けれどもこれは途方もない企てと言うほかない。言葉というより声で、他者にじかにふれるというところまで退却して、それを楽しんでいるというふうに裏返すことが求められるからだ。「こえによるふれあい」、つまり、声がじぶんに向けられているという感じ、他人の声がわたしにぴたりととどいているという感じがいったいどういうものかをめぐっておこなわれる、まるで実験かゲームのようなレッスンがある。竹内さんが「話しかけのレッスン」と名づけたものである。かれの『ことばが劈かれるとき』で描かれているこのレッスンについて、かつてわたしは『「聴く」ことの力』のなかで、ほぼ次のように要約した——

ふたりの人がしばらく言葉をかけあったあとで、一方が後ろ向きになり、もう一方がその後ろから声をかける。声をかけられたほうは、ほんとうにじぶんに話しかけられたと感じたら、ふりかえって返事をしてよい。うまくゆけば、すこしずつ距離を開けてゆく。そして一〇メートル以上までだんだんと離れてゆく。そしてその過程で、ほんとうにじぶんが話しかけられているのかよく聞いてみるよう促すと、じぶんの何歩か後ろにいるだれかに話しかけているようだ、頭越しに遠くの人に話しかけているようだ、あるいは、じぶんに話しかけているらしいが「こえが届いてこない」といった感想が返ってくる。もっとはっきり、「こえが背中にさわった」「耳にさわって前へ抜けた」「肩をかすった」「あ、ドンと当たった」というぐあいに報告する例も出てくる。そしておもしろいのは、「そのうち、レッスンを見ている者にもこえの軌跡が見えてくる。カーブして落ちるのあり、拡散してしまうのあり、場外ホームランになるのあり」というのである。

ところで、話しかけるほうは相手の反応を見ながら、微妙に話しかけかたを変えるようになり、声を大きくしたり、身を乗りだしたりして、なんとか声を届けようとするのだが、努力すればするほど声は届かなくなる。この不思議な事実のなかに「話しことばの基本的な問題のほとんど」が含まれているとしたうえで、竹内さんはそのポイントを三つに分けて指摘する。

最初の、そしてもっとも重要なポイントはこうだ。——「話しかけるということは相手にこえで働きかけ、相手を変えることである。ただ自分の気持をしゃべるだけではダメなのである。一般にはことばは感情の発露だと考える傾向が多いようだ——もちろんそういう場合もある。だがそれは自分のからだが閉じられている場合である。言うだけ言えばいい。相手がどう思おうと、言いっぱなし、という場合が多いのは、からだが他人（他者）に向かって劈いていないのだ。だがことばが他者との間に成り立つときには、まず働きかけ（行動）として機能する。働きかけること、感情を忘れること、対象にふれようとすることだ」。

第二のポイントは、「どう変わってほしいのかがはっきりしないと相手は変わらない」ということ。「ある青年の例では、まったくうまくいかなかったのが、相手の女の子があまり動かないので、生意気だ、一ちょかましたろか、と思ったとたん、ズバッと相手にこえがぶつかった。そのときこえには質量があり、弾丸のようにビシッとまっすぐ相手にぶつかり、相手はなぐられたようにふり返った」という。

第三のポイントは、声がうまく届いた感じがしないとき、人は声を届かせようとして、相手との隔たりをあらためて計量し、その隔たりに負けないような量の音声で呼びかけようとするが、そうすればするほど、相手はじぶんが話しかけられたという感じがしなくなるという事実である。「距離が遠くなれば、それを越えるこえの発射量が大きくなければならぬ、と思いこむのだが、これは客体的な測定可能な世界を想定しているので、自分のからだを客体として操作していることにほかならない。結果はどうなるかというと、七メートルの距離を正確に越えるこえの量がうまく出た、届いたとすれば、それは、七メートルの距離にいるすべての人に届くこえだから、B〔話しかけられたほう〕としては、自分にも話しているが、同列に並んでいる他の人にも話しているという感じがする。自分に、自分だけに話しかけられているとは感じない」というのである。

言葉を届かせようとして声を大きくしたり、身を乗りだしたりすればするほど声は届かなくなるというアイロニー、言葉を伝えようと意識するよりも、言葉が伝わらないことにいらだって衝動的に発した濃やかさを欠いた言葉のほうがきちんと伝わるという、これまた哀しいアイロニー、そして最後に話しかけたい相手との距離を測って声量をコントロールすればするほど、相手はじぶんに話しかけられているという気がしなくなるという、さらに二重に哀しいアイロニー。むずかしいことに、そんなアイロニーがここには幾重にも被《かぶ》さっている。その隘路《あいろ》をレッスンは潜り抜けてゆかねばならない。

そのむずかしさに、竹内さん自身が翻弄されたことがある。たとえば『老いのイニシエーション』では、六〇を過ぎて二五歳下の女性と、それぞれ家を飛び出すかたちで結ばれた竹内さんの家族体験が生々しく綴られている。夫婦間のちょっとでも身動きすればとたんに血が噴きだすような緊迫は、島尾敏雄の『死の棘』(新潮社)を想わせる。凄まじいばかりに言葉のびんたを張られる竹内さん――「なんでそんなくしゃくしゃの、ゴミくずみたいな顔して坐りこんでんのよ！ みっともない。ちっとはしゃんとしてこっちを見なさいよ」／「あなたは、あっちも立てこっちも立て、あたしに義理を立て自分の気持ちも大切にしようとする。意地が汚いわよ。いったいなにが一番大切なの？ あたしなの、ゆりなの？ 仕事なの？」……と、途切れなく。そして「「気持ちのセツメイなんかタクサン！」という笙子の一言で、私の「ことば」の崩壊は始まったのだった」。じぶんの思いをしゃべるだけではダメ、最大のポイントは相手にふれること、働きかけること、相手を変えることだと言っていたこの言葉が、なんといま竹内さん自身に返ってきている。

その『老いのイニシエーション』が発表されてしばらくしてだとおもうが、わたしは竹内さんのレッスンを見学させていただいた。東京の新橋あたりの小学校の体育館であったか、いまとなっては記憶もさだかではない。いがぐり頭をして、大きな体に薄手のゆったりとした、ユルユルの服を召しておられたのが、なぜか強い印象として残っている。

当時、わたしは《哲学カフェ》という活動を、見通しも確信もないままに探りはじめていた。まだカフェといえば喫茶店しか思い浮かべないような時代である。哲学カフェというのは、対話のなかで他者の問いにふれながらじぶんの問い方を更新してゆくこと、そのことをつうじてじぶんの問題設定をある公共的な問いへとつなげてゆく練習である。だから、具体的な経験から話しはじめる、他人の話を最後まで聴く、他人の言葉を引用しない、ファシリテーターも交通整理に徹し、自説をそこに紛れ込ませない。そんな単純なルールで進行する。だから当然、セッションのかたちをとり、あらかじめ見取り図も設計図もあるわけではない。あらかじめ決まったメソッドやプログラムなしに始まる素手のレッスン。それに取り組みだしていたので、竹内さんのレッスンには強い関心があった。

あちこちで何かが始まっているような始まっていないような。しまりがない、まとまりがない、なんとも心もとないというのが最初の印象だった。けれどもこれこそセッションのこころなのだ。整列させない、全員に適用できるようなプログラムは組まない。それぞれに取り換えのきかない過去を背負った個と個がからだで「じかに」向きあうセッションだからだ。出会いはあらかじめデザインできない。着地点を先に見越せば、出会いは誘導されて出会いでなくなってしまう。どんなムーブがそこに起こるか、どんなムーブが返ってくるか、それが問題だ。つまりそれは、方法的に反方法的であろうとする、無方法であろうとする。その無方法という方法をつぶさに見たいとおもった。が、それを果たす間もなく、竹内さんは先に逝かれた。

幸いというか、レッスンに何年もつづけて参加されている方々の証言が、『竹内レッスン』（春秋社）に載っている。気になったいくつかの発言を引いてみる。

――「〔もともと〕すごく社交的だったのが、レッスンに参加しているうちに、どんどん非社交的になっていく（笑）。みんな仲良さそうに会話していても、その裏がどんどん見えてきて、人といるのが嫌になってきた。合う人と合わない人がはっきりしてきて、合わない人に自分を合わせるのが苦痛だし、無理して合わせていることが、以前に比べてあからさまに出るようになってしまった」（堀益和枝）

――「はじめの頃、わたしは、自分が竹内さんに直接みてもらうことをもっぱら求めていたような気がします。みてもらって、何かをよくしてもらって……。患者が医者に治療を求めに行く感じかな。他の人がやっている間は診察待ち（笑）。けれども、あるときから、自分の番がまわってこなくても気にならなくなった。他の人がやっているのを見るのが面白いし、それに竹内さんや他の人たちがかける言葉も面白い。何かこう、もちろんそれぞれが不完全なんだけれども、人間のなまの姿に触れられる喜びのようなものがある気がします」（渡辺貴裕）

――「わたしはスポーツの世界で育ってきたので、どんな小さなことでも怒られながらやる習慣がある。自分がしていることが正しいかどうか、指導者の様子を見ながらプレーしていたクセで、チラチラ、チラチラ、竹内さんのほうを見る」。すると「竹内さんはニコニコしている。否定も評価もされずに何かしていい、その安心感の中で表現ができる……」（増田順子）

これらの証言は、じつは「話しかけのレッスン」のあの三つのポイントを、参加者の立場から裏打ちするものだ。そこで示唆されていた三つのアイロニーをくぐり抜けてゆくその糸口を教えてくれるものだ。ここでわたしはふと、「何かを学びましたな、でもそれは最初は何かを失ったような気がするもんです」というバーナード・ショーの小説のなかの言葉を思い出す。竹内さんも、「よくしゃべる人は半年か一年たつと、だんだんしゃべれなくなる。逆にうまくしゃべれなかった人は一年ぐらいたつとしゃべり始める」とそこで発言しているが、「変わる」ということはそれまでのじぶんが崩れることから始まるしかないのだ。

竹内さんはまるでさなぎの殻のように、生きものが変態するためにまずはおのれの組織を溶解させるそのプロセスを崩壊へといたらせないように、抱擁する。したくないことはしないとしながら、その「したくない」ことをも含めて――「したくない」ことを意識するのはそれじたいがもう「気づき」であるから――それを「そらす」ということをしないで、それにじかに向きあう。そういうふうに、それぞれ一人ひとりの前に身をそらさずに立ってくれる人がいるから、安心してじぶんのからだに問い、そこに沸き立つ未知のムーブに身を投げ込むことができる。

先にも証言を引いた増田さんが、竹内さんの方法についてこんなふうに語っている。

――「だれにでもできるレッスンだけれども、竹内さんにしかできないレッスンだと思います。ほかの人が同じことをやっても、それは結局「コツ」になる。つまり

「こうなったらこんなことがあって、この場合はこうしたらいいですよ、それを持ち帰って日常で活用してください」みたいなことになるでしょう。見るに耐えないような表現をしても、竹内さんはそれをじっと見ていて、何がその人から出ているかをちゃんと照らしていく」

竹内さんのまなざしは最後の最後まで、じぶん自身の奥底ではなく、出会いの奥底に注がれていた。だからだれにでも使える方法などというものはそこにはない。いまここでやっていることが「段階」だったらつまらないでしょうと言い切れる人。その意味で、だれをもその人として迎え入れる気前のいい（liberal）人だった。当然、生傷も絶えなかったにちがいないが、それでも、じぶんが倒れたらこの人も倒れるとおもってその人の前に立ちつづける、最後まで気前のいい人だった。だれにでもそんな介添え役を買ってでた竹内さんの、からだを張った右往左往、竹内さん自身もときにそこに溺れかかったその右往左往こそ、竹内さんの無方法の方法だったのかもしれない。そういう意味では、竹内さんのからだはすでに竹内さんを超え出ていた。〈普遍〉が立ち上がろうとしていた。

そういえば、わたしたちの哲学カフェでも、カフェの終盤になってあるアイディアが固まりつつあるときに、「これ、だれの考えだったっけ？」とメンバーがつぶやくようなセッションが、いちばんうまく行ったケースだというのが、これまで右往左往しながら二〇年近くそれに取り組んできたわたしたちの共通の実感としてある。

あとがき

本書に収められた文章の多くは東日本大震災が起こったあとに書かれている。その東日本大震災のあと、思いがけなくアーティスト、もしくはその予備軍ともいうべき人たちと交わる機会がぐんと増した。二〇一三年から仙台市の公共文化施設《せんだいメディアテーク》に毎月通うようになったこと、二〇一五年から四年間、京都市立芸術大学の学長職に就いたことが大きい。芸術制作と芸術教育のバックヤードに、日々身を置くことになった。

わたしは三〇代の半ばくらいからずっと、それまでの哲学の文献研究という作業を続けながら、同時にそれとは水と油の別の職業現場にかかわるということをくり返してきた。三〇代の後半からはファッションデザインの現場に、四〇代の後半からはケアのさまざまな現場に、足繁く通った。五〇代の後半からは、こんどは当事者としてほぼ一〇年間、総合大学の運営の渦中にいた。そして直近が、この、アート制作の現場である。

大学運営は別として、それ以外の現場にわたしはいわば「闖入者《ちんにゅうしゃ》」として身を置いた、というか、置くしかなかった。「闖入者」というのは現場では何の役にも立たない。だから遠慮がちに肩越しに見つめているほかない。直接の利害関係もないのでそれほど警戒もされず、〝秘密〟の場所もちゃっかり覗くことができた。その軽さがいつも棘のようなものとしてあって、だから距離をうまくとれずに、思わず深みに入ることがないでもなかった。

　現場とは、気持ちが添わないからといってすぐに降りることのできない場所だ。また、次々と予測不能な出来事が起こる場所でもある。そこではマニュアルはほとんど役に立たない。問題解決のメソッドは、問題の構造じたいが教えてくれるもので、だから「闖入者」としては、まずはそれに従事している人たちの声によく耳を傾け、そこに潜むほんとうの問題は何か、それを問いつづけるほかない。それがごくたまに現場のお役に立てることがある。そのときはちょっぴりうれしい。

　が、いちばんうれしいのは、わたし自身が日々身を置いている職場に「おみやげ」を持って帰れること。あらかじめ想定されたマニュアルが何の役にも立たないときに、あそこではこういう場合、こんなふうにしていたよと仲間に告げられること。ほんとうのわざは、およそ文脈の違う場所でもちゃんと活きるものだ。そのことを、本書に収めた文章を書いているそのときどきに痛感した。

本書を編むにあたりそういうわざを分け与えてくださったのは、講談社学芸クリエイトの林辺光慶さんだ。およそ三〇年前、わたしがはじめて事典の仕事（今村仁司編『現代思想を読む事典』）をさせていただいたときも、そのあとはじめての新書『じぶん・この不思議な存在』を書かせてもらったときも、さらにしばらく置いてわたしにとって最初で最後の京都論『京都の平熱』を書かせていただいたとき、そしてついこのあいだ、これまたわたしにとってはじめての歴史論『大正＝歴史の踊り場とは何か』を編ませていただいたときも、ずっと支えとなり、最後まで伴走してくださったのが林辺さんだった。ふり返れば、だから、わたしのこれまでの物書きとしての仕事をずっとポイント、ポイントで見ていてくださったことになる。ありがたいやら畏れ多いやら。いまはただ「感謝」のことばしか浮かばない。

二〇一九年四月　京都・上賀茂にて

鷲田清一

初出一覧

I　かたちのレビュー——日本経済新聞・2013年5月9日〜2016年4月14日

II　〈生存〉の技術《アート》

・小さな肯定——中日新聞・2019年1月26日
・〈支援〉と〈応援〉——同・2018年9月29日
・暮らしのバックヤード——京都新聞・2018年11月25日
・素手の活動、手編みの関係——中日新聞・2018年9月1日
・「なりわひ」と「まかなひ」——伊藤洋志『ナリワイをつくる』（ちくま文庫、2017年）解説
・金銭と感情——中日新聞・2018年12月22日
・「ものづくり」を考える——神戸新聞・2016年1月28日
・不能の表出——三つの証言——『コンニチハ技術トシテノ美術』（せんだいメディアテーク、2018年）
・「食べないと死ぬ」から「食べると死ぬ」へ——『十代に何を食べたか』（平凡社ライブラリー、2014年）解説
・眠り姫になれなくて——高田公理・堀忠雄・重田眞義編『睡眠文化を学ぶ人のために』（世界思想社、2008年）
・祭りの季節に——神戸新聞・2015年7月24日
・声の不在のなかで——第2回恵比寿映像祭『歌をさがして』（東京都写真美術館、2010年2月）
・深すぎた溝を越えて——斉藤道雄『手話を生きる』（出版情報誌「パブリッシャーズレビュー　みすず書房の本棚」2016年3月）

III　〈始まり〉に還る芸術《アート》

・ブリコラージュの自由——『NACT Review：国立新美術館研究紀要』第4号、2017年12月
・哲学はアートとともに？——中日新聞・2018年3月17日
・作品のプレゼンテーション？——「たねまきアクア」01（京都市立芸術大学ギャラリー＠KCUA）2016年1月
・ちっちゃい焚き火——神戸新聞・2015年4月24日

・ヒスロムの実力——中日新聞・2018年11月24日
・床面積を大きくする（原題：アートにしかできないこと）——同・2019年2月23日
・芸術と教育——同・2019年3月23日
・織と文——京都新聞・2014年11月23日
・〈衣〉の無言——石内都『ひろしま』別冊「栞」（集英社、2008年）
・人形の「普遍」——国立文楽劇場2015初春公演パンフレット、2015年1月
・「態変」という燈台——劇団態変第60回公演「虹の彼方に」パンフレット、2014年3月

IV 〈探究〉という仕事
・九鬼周造——日本経済新聞・2008年5月1日夕刊
・和辻哲郎——同・2008年5月8日夕刊
・廣松渉——同・2008年5月15日夕刊
・鶴見俊輔——同・2008年5月22日夕刊
・坂部恵——同・2008年5月29日夕刊
・補遺 〈垂直〉の語り——『坂部恵集 1』（岩波書店、2006年）月報
・対話としての読書——三木清『読書と人生』（講談社文芸文庫、2013年）解説
・思想史研究の凄み——上山安敏『フロイトとユング』（岩波現代文庫、2014年）解説
・いのちの昏い歴史——三木成夫『胎児の世界』（「JR EAST」2009年秋号）
・でかい人——梅原猛『少年の夢』（河出文庫、2016年）解説
・補遺 梅原猛さんを悼む——朝日新聞・2019年1月16日
・「おもろく」なければ学問でない——日高敏隆『動物と人間の世界認識』（ちくま学芸文庫、2007年）
・ごつい思想、密な調査、深い知恵——山極寿一『父という余分なもの』（新潮文庫、2015年）解説
・ぬえのような——河合隼雄『カウンセリングの実際』（岩波現代文庫、2009年）解説

・心を耕す——柳田邦男『新・がん50人の勇気』（文春文庫、2012年）解説
・無方法という方法——竹内敏晴『「出会う」ことと「生きる」こと』（セレクション竹内敏晴「からだと思想」3、藤原書店、2014年）解説

写真提供

タイトル　――　提供元

- 「スバル360」――株式会社SUBARU
- 「ピース」――日本たばこ産業株式会社
- 「サントリーオールド」――サントリーホールディングス株式会社
- 「リップスティック」――資生堂企業資料館、石内都（The Third Gallery Aya）
- 「卵のパッケージ」「レゴブロック」――日本経済新聞社／竹邨章撮影
- 「団地」――独立行政法人都市再生機構
- 「ウォークマン」――ソニー株式会社
- 「卓上電話機」――NTT技術史料館
- 「万年筆」――リシュモンジャパン株式会社　モンブラン
- 「スウォッチ」――スウォッチ グループ ジャパン 株式会社
- 「ユニ」――三菱鉛筆株式会社
- 「ファスナー」――YKK株式会社
- 「蚊取り線香」――日本経済新聞社／竹邨章撮影
- 「四角いトイレットペーパー」――坂茂建築設計
- 「ストッキング」――アツギ株式会社
- 「オビ」「LPレコード」「徳利」「マヨネーズのチューブ」――日本経済新社／竹邨章撮影
- 「ドクターマーチン（ワーク・ブーツ）」――著者撮影
- 「おにぎり」「リュックサック」「手帳」――日本経済新聞社／竹邨章撮影
- 「ゴミ袋」――日本経済新聞社／井上昭義撮影
- 「便器」――INAXライブミュージアム
- 「雨傘」「ポスト・イット」――日本経済新聞社／井口和歌子撮影
- 「マグカップ」「眼鏡のフレーム」「箸」「ハンガー」「ポチ袋」「扇子」「名刺入れ」――日本経済新聞社／井上昭義撮影
- 「アウディTTクーペ」――著者撮影

鷲田清一（わしだ・きよかず）

1949年生まれ。哲学者。京都大学大学院文学研究科博士課程単位取得。大阪大学文学部教授、大阪大学総長、京都市立芸術大学理事長・学長を歴任。現在、せんだいメディアテーク館長、サントリー文化財団副理事長。現象学研究に始まり「臨床哲学」を提唱・探究する。朝日新聞で「折々のことば」を連載中。
著書に『現象学の視線』『顔の現象学』『モードの迷宮』『だれのための仕事』『〈弱さ〉のちから』『京都の平熱』『「聴く」ことの力——臨床哲学試論』『哲学の使い方』『濃霧の中の方向感覚』など多数。

生《い》きながらえる術《すべ》

2019年5月22日　第1刷発行

著　者　鷲田《わしだ》清一《きよかず》
発行者　渡瀬昌彦
発行所　株式会社講談社
〒112-8001 東京都文京区音羽2-12-21
電話　03-5395-3512（編集）
03-5395-4415（販売）
03-5395-3615（業務）
装　幀　池田進吾（next door design）
印刷所　豊国印刷株式会社
製本所　大口製本印刷株式会社
本文データ制作　講談社デジタル製作

ISBN978-4-06-515661-2　N.D.C.100　270p　18cm